AtV

JÜRGEN LEINEMANN, Jahrgang 1937, studierte Geschichte, Germanistik und Philosophie in Marburg und Göttingen. Er begann seine journalistische Arbeit 1963 in Westberlin. Nach Zwischenstationen bei dpa in Hamburg und Washington wechselte er dort 1971 als Korrespondent zum »SPIEGEL«, für den er von 1975 bis 1989 als Reporter in Bonn berichtete. Nach dem Fall der Mauer zog er nach Berlin, seit 1999 ist er Leiter des Hauptstadtbüros des »SPIEGEL«. 1983 Auszeichnung mit dem Egon-Erwin-Kisch-Preis, 2000 erhielt er den Siebenpfeiffer-Preis.

Buchveröffentlichungen: Die Angst der Deutschen (1982), Macht (1983), Nur nicht weiter so (1990), Der gemütliche Moloch (1991), Gespaltene Gefühle (1995), Sepp Herberger – ein Leben, eine Legende (1997), Gratwanderungen, Machtkämpfe, Visionen. Deutsche Momente (1999).

»Helmut Kohl. Ein Mann bleibt sich treu« ist das Psychogramm eines Homo politicus, der aus der Provinz kam, dank seines Beharrungsvermögens und Kalküls ein Vierteljahrhundert seine Partei kommandierte und länger als jeder andere Regierungschef die Geschicke der Bundesrepublik lenkte. Wo er agiert, so Kohls Anspruch, geht Politik in Geschichte über. Er wurde nach seiner Abwahl als »Kanzler der deutschen Wiedervereinigung« sowie »Architekt der europäischen Einigung« gefeiert – bis schwarze Konten und illegale Parteispenden sich nicht länger verbergen ließen. Zum Machtverzicht unfähig wie sein Lehrmeister und Vorbild Konrad Adenauer, zieht Kohl noch immer erfolgreich die Fäden.

Jürgen Leinemann hat diesen Mann seit seiner Wahl zum CDU-Vorsitzenden im Jahre 1978 beobachtet. Sein Essay ist ein spannendes Lehrstück über die Bonner Republik und die Folgen von Provinzialität, Realitätsverlust und Selbstherrlichkeit politischer Hauptakteure. Eine erhellende Lektüre vor den kommenden Wahlen.

Jürgen Leinemann

Helmut Kohl

Ein Mann bleibt sich treu

Aufbau Taschenbuch Verlag

Erweiterte Neuausgabe des Taschenbuchs
»Helmut Kohl. Die Inszenierung einer Karriere«
(Aufbau Taschenbuch Verlag 1998)

ISBN 3-7466-7038-1

1. Auflage 2001

Einbandgestaltung Preuße & Hülpüsch Grafik Design
unter Verwendung eines Fotos von dpa
Druck Elsnerdruck GmbH, Berlin
Printed in Germany

www.aufbau-taschenbuch.de

Inhalt

2001
Die Hand, die segnet, wird gebissen

Theatralisch, anmaßend und fremd ragt das weiße Bauwerk am Rande des Berliner Tiergartens in die Höhe. »Kohlosseum« spotten die Berliner. 550 Denkmäler, darunter 165 Türme und 65 Säulen, erinnern landauf, landab an den ersten Kanzler der deutschen Einheit, Otto von Bismarck. Helmut Kohl, der zweite Kanzler der deutschen Einheit, hat sich sein einziges Monument selbst gesetzt – die neue Regierungszentrale im Spreebogen, schräg gegenüber vom Reichstag und fast so hoch.

Nach dem Willen seines Schöpfers repräsentiert der Kanzleramts-Koloss die Bundesrepublik Deutschland: »Ein Land mit einer weiten Perspektive, mit einem natürlichen Geschichtsbewusstsein und mit einer Vision für die Zukunft. Das alles sollte das neu gebaute Amt ausdrücken.«

Doch der Kanzler, der sich am 2. Mai 2001 dort hinter seinen neuen Schreibtisch setzte, hieß Gerhard Schröder. Der hätte am liebsten am Eingang ein Schild anbringen lassen mit dem Hinweis: »Dies ist nicht mein Deutschlandbild.« Widerwillig war der Sozialdemokrat umgezogen in das pathetische Gebäude, das 36 Meter hoch ist, 335 Meter lang und 465 Millionen Mark teuer. »Es ist nicht zu bestreiten«, spottete Schröder schon beim Richtfest, »dass dieses Bauwerk eine Dimension angenommen hat, die dem einen oder anderen Politiker gleichsam wie auf den Leib geschneidert sein mag.«

Tatsächlich war der, den er meinte, nach der Vereinigung aufgetreten, als sei er mit Deutschland mitgewachsen. »Schlagartig«, sagten Helmut Kohls Berater, sei dem Kanzler nach der Einheit klar geworden, dass er nicht nur letzter in der Reihe der Bonner Bundeskanzler sein werde, sondern dass er sich mit der Vereinigung und dem Umzug nach Berlin angereiht habe an die Folge der deutschen Reichskanzler – von Otto von Bismarck bis Adolf Hitler.

Und so hatte er sich im Herbst 1997 wuchtig vor dem Großfoto des künftigen Kanzleramtes im Berliner Spreebogen aufgebaut, als sei er das historische Projekt höchstpersönlich. Damals legte er den Grundstein für die neue Regierungszentrale, und er tat das mit einer Ergriffenheit, als mauere er den Eckstein seiner eigenen Ära. Das Deutschlandlied erklang – Völker der Welt, schaut auf diesen Mann.

Helmut Kohl fühlte sich am Ziel. Er war eins mit sich selbst und seinem heroischen Selbstbild als Kanzler aller Deutschen und Baumeister Europas – ein Zustand, der sich bei ihm zu einer gedanklich unscharfen, emotional aber hochbrisanten Befindlichkeit verdichtete, die in symbolischen Gesten und Bildern bombastisch nach Ausdruck drängte.

»Hier an diesem Platz, im Umkreis von zwei, drei, vier Kilometern um das Brandenburger Tor, springt einen förmlich die Wucht der deutschen Geschichte an«, formulierte er ergriffen. Und genau aus diesem Zentrum heraus würden »WIR, die Deutschen«, angeführt von Helmut Kohl, »mit großen Schritten« ins 21. Jahrhundert aufbrechen.

Dieser Kanzler hatte immer die Gabe, sich seine eigene Theatralik abzukaufen. Und so betrieb er, als habe der Ratschluss der Geschichte ihn als ewigen Kanzler festgeschrieben, fast selbstherrlich die Planung des neuen Amtes. Er hatte den Bauplatz festgelegt, bestimmte die Berliner Charlotte Frank und Axel Schultes als Architekten, bestand auf der Höhe des Leitungstraktes und wählte deutsches Holz für die Wandverkleidungen. Vor allem aber koppelte er das Dienstgebäude des Kanzlers aus der Gesamtplanung des Regierungsviertels aus, in das Axel Schultes den Bau eingeplant hatte. Parlamentarische Gremien hielt er für ungeeignet, Entscheidungen über Architektur zu treffen. »Einer«, fand er, »muss den Kopf hinhalten.« Für die »Visitenkarte Deutschlands« konnte das nur er selbst sein. Und er verfügte: »Ich will einen Solitär.«

Nun steht sie da, die neue Machtzentrale, und gilt als Symbol der Berliner Republik. Aller Argwohn, der den Umzug von Bonn nach Berlin begleitete, die Sorge vor einem »gewissen Größenwahn« – die Ex-Kanzler Helmut Schmidt ausdrückte – hängt sich an die Gigantomanie des Kanzlerbaus.

Welch ein Missverständnis. In Wahrheit ist der neue Amtssitz an der Spree das letzte Monument der Bonner Republik, eine gebaute Freud'sche Fehlleistung sozusagen. Unfreiwillig offenbart es jene unterdrückten Wünsche nach Macht und Herrlichkeit, die sich allzu lange zwischen den Bonner Vorgärten verstecken mussten. Niemandem waren sie vertrauter als Helmut Kohl.

Von 1982 bis 1998 hatte der Pfälzer in Bonn regiert – sechzehn Jahre und 26 Tage – länger als jeder andere, bis er am 7. November von Schröder abgelöst wurde. Kohl war nicht nur der letzte Kanzler der von Konrad Adenauer am Rhein etablierten Westdeutschen Republik, er verstand sich auch – als er sich am 1. Juli 1999 im Deutschen Bundestag von Bonn verabschiedete – ganz persönlich als ihr Repräsentant. Über die provisorische Hauptstadt redete er wie über sich selbst: »Bonn symbolisierte die politische Hinwendung zum Westen auf glaubwürdige Weise. In seinem bewusst bescheidenen Auftreten war es die überzeugende Verkörperung eines Deutschlands, das jedem nationalistischen Wahn, jedem imperialen Gehabe und jedem Streben nach Vorherrschaft ein für alle Mal abgeschworen hatte.«

»Beifall im ganzen Hause« verzeichnete das Protokoll. So haben sich die Bonner Politiker immer am liebsten gesehen. Es gab kaum einen Abgeordneten im Plenum des Deutschen Bundestages, der an diesem Tag dem »Altbundeskanzler«, der er inzwischen war, nicht herzlich applaudiert hätte. Bundeskanzler Gerhard Schröder gratulierte seinem Amtsvorgänger, und für die Grünen bescheinigte Antje Vollmer dem Redner, »dass Sie für uns immer so etwas waren wie eine Verkörperung der Bonner Republik«.

Das war, in der letzten Plenarsitzung vor dem Umzug nach Berlin, das große Schlusswort der westdeutschen Wiederaufbaugeneration, eine Feiertagsversion der Wahrheit. Sie verschwieg, dass die legendäre Bonner Bescheidenheit auch eine drückebergerische Maskerade gewesen war, die Angst vor Verantwortung verbarg und einen provinziellen Macht-Klüngel, der erst nachträglich als »System Kohl« kenntlich wurde.

Es sollte nicht lange dauern, bis diese Kehrseite der Bonner Gemütlichkeit zutage trat. Zunächst aber gab Helmut Kohl in Berlin weiter den »Chef«. Hinter seinem Schreibtisch im Abgeordneten-Büro Unter den Linden pflanzte er die schwarzrotgoldene Fahne auf, die selben schweren Münzen wie in Bonn lagen als Briefbeschwerer auf dem Schreibtisch, im Vorzimmer bewachte die einflussreiche Büroleiterin Juliane Weber ihre Miniatur-Elefanten und seinen Terminkalender. Und alle redeten den alten Herrn weiter als »Herr Bundeskanzler« an.

Der Politische Rentner war ein gefragter Mann. Staatsgäste suchten ihn auf, Ehrendoktorhüte, Orden und Auszeichnungen fielen ihm zu. In den USA wurde er zum »Staatsmann des Jahrzehnts« ernannt, »Ehrenbürger Europas« war er sowieso.

Ruhestand? Als der 9. November 1999 herannahte, der zehnte Jahrestag des Mauerfalls, schien sich Helmut Kohl auf dem Höhepunkt seines Ruhmes zu sonnen. Zusammen mit Michail Gorbatschow und George Bush war der »Kanzler der Einheit« in das Springer-Hochhaus in Berlin zu einer Art Erinnerungs-Gipfeltreffen eingeladen. Und zu diesem Zeitpunkt schien Helmut Kohl fast noch mächtiger als zu seiner Kanzlerzeit. Nachfolger Schröder, der deutlich unter den Folgen der Wahlniederlagen seiner Partei litt, wirkte neben dem historischen schwarzen Riesen nicht nur optisch wie eine obskure Figur.

Aber der Abgrund hatte sich schon aufgetan. Angela Merkel, die spätere Nachfolgerin im Parteivorsitz und damalige Generalsekretärin der CDU – von Helmut Kohl selbst ins Amt geholt und eine der besten Kennerinnen des Kanzlers – erlebte diesen Auftritt des »Alten« geradezu als einen tragischen Lebensgipfel. »Ich wusste, das ist sein letzter großer Abend.« Für sie trübten andere Bilder den Glanz des früheren Chefs, Szenen eines Politthrillers mit halbseidenen Figuren: Ein Mann, der auf einem Schweizer Parkplatz einen Koffer mit einer Million Mark erhält – Walther Leisler Kiep, der frühere Schatzmeister der CDU. Und Helmut Kohl, der von nichts zu wissen vorgibt.

Seine Spendenaffäre hatte begonnen. Fortan war er den eigenen Inszenierungen nicht mehr gewachsen.

Gut zwei Wochen später, am 24. November 1999, war dies im Plenum unübersehbar. Der Fraktionsführer der SPD, Peter Struck, attackierte die CDU heftig wegen der ungeklärten Parteifinanzierung. Gravitätisch erhob sich da in der zweiten Reihe, mit der ganzen Macht seiner Persönlichkeit und der Wucht seiner historischen Gestalt, Altbundeskanzler Helmut Kohl, um den frechen Redner mittels einer als Zwischenfrage getarnten Rüge zu bremsen. Mit schneidender, respektheischender Stimme sagte er: »Herr Abgeordneter, Sie wissen doch so gut wie ich, dass dies nicht eine Situation ist, um die Fragen, die Sie stellen, zu beantworten und über die Behauptung, die Sie aufstellen, zu debattieren.«

Es war der Ton mehr als der Inhalt, der große Unruhe bei der SPD auslöste. Widerspruch prasselte von allen Seiten, empörte Zwischenrufer griffen den Ex-Kanzler an. Herrisch donnerte der in den Saal: »Die Art und Weise, wie hier verleumdet wird, kann so nicht stattfinden. Ob Sie das wollen oder nicht. Sie können hier mit Niederbrüllen gar nichts erreichen.«

Einen verblüfften Augenblick lang senkte sich Schweigen über das Plenum. Dann prusteten die Abgeordneten los. SPD, PDS und Grüne lachten aus vollem Halse. Es war, als habe Helmut Kohl seinen eigenen Bann gebrochen. Da stand er wie ein Kanzlerdenkmal, redete wie eine Sagenfigur aus dem Kyffhäuser und war doch in Wahrheit nur noch ein ertappter Abgeordneter, der sein eigenes Fehlverhalten pathetisch zu vertuschen suchte. Er trat auf, als verfüge er noch über die Legitimation des Amtes und den Respekt des Volkes. Doch das Fernsehen enttarnte ihn als Hochstapler.

Das Fernsehen? In Wahrheit enttarnte er sich selbst. »Der Politiker, seiner Macht beraubt, verändert auf dramatische Weise sein Äußeres«, hat der Kanzler-Fotograf Konrad Müller am Beispiel Kohl festgestellt. Müller, der den Staatsmann Helmut Kohl in heroischen und anrührenden Augenblicken im Bild festhielt, sagte über den Pfälzer ohne Amt: »Das Gesicht verliert seine Straffheit, seine Strenge. Heiterkeit und der Zorn des Mächtigen werden abgelöst von Schwermut und Resignation. Ein diffuser Schleier legt sich über alles optisch Wahrnehmbare.«

An diesem 24. November konnte es jeder sehen. War das nun der wirkliche Zeitenbruch? Das tatsächliche Ende der Ära Kohl, die mit dessen Ausscheiden aus dem Kanzleramt offenkundig noch nicht vorbei gewesen war?

Ära ist ein schillernder Begriff. Er bezeichnet einen Zeitabschnitt, der von einem festen Ausgangspunkt an gezählt wird – im

Falle Kohl begann er um 15.12 Uhr am 1. Oktober 1982, als der CDU-Vorsitzende im Bundestag mit fester Stimme sagte: »Herr Präsident, ich nehme die Wahl an.« Im Begriff »Ära« schwingt aber auch ein Anspruch auf Bedeutsamkeit mit, die Erwartung, dass die Figur, die der Zeit den Namen gibt, ihr auch seinen Stempel aufgedrückt hat.

Das ist Kohl nur begrenzt gelungen. Es gab keine Zäsur, als er anfing, und es lief so weiter, als er aufhörte. Das wichtigste Merkmal seiner Amtszeit war ihre Dauer. Mit Kohl kam keine geistig-moralische Wende, nach ihm keine grundsätzlich andere Politik.

Kanzlerwechsel sind in der Geschichte der Bundesrepublik Deutschland zumeist dramatische Ereignisse gewesen: Konrad Adenauers quälende Agonie, Ludwig Erhards rasanter Sturz, Kurt Kiesingers plötzliche Abwahl, die Resignation des zermürbten Willy Brandt, Helmut Schmidts bitteres Scheitern an der eigenen Partei. Helmut Kohl aber schien »sanft« zu verschwinden, wie sein freundlicher Biograph Werner Weidenfeld es ausdrückte, ein bisschen erschöpft und sehr erleichtert, begleitet von respektvollen Gratulationen seines Nachfolgers Gerhard Schröder, der versprach, es ihm weitgehend gleichzutun.

Ein voreiliges Versprechen, denn der Fall Kiep wurde schnell zur Affäre Kohl. Am 26. November 1999 berichtete die »Süddeutsche Zeitung« von Hinweisen, dass der CDU-Chef Kohl mit Geld aus schwarzen Kassen »Landesverbände, aber auch Personen mitunterstützt hat«. Am 2. Dezember beschloss der Bundestag die Einsetzung eines Untersuchungsausschusses, der klären sollte, ob die Regierung Kohl käuflich war. Am Donnerstag, dem 16. Dezember, bekannte Helmut Kohl vor den Kameras des ZDF, dass er persönlich von 1993 bis 1998 Spenden in Höhe von »1,5 bis zwei Millionen Mark« entgegengenommen habe. Weil er sein Ehrenwort gegeben hätte, wollte er die Namen der Spender aber nicht nennen.

Juristisch folgte eine offizielle Ermittlung der Bonner Staatsanwaltschaft gegen den Ex-Kanzler. Politisch geriet der CDU-Ehrenvorsitzende in einen bitteren Konflikt mit den Führungsleuten seiner Partei, vor allem mit seinem engsten persönlichen und politischen Freund Wolfgang Schäuble. Persönlich fühlte sich Helmut Kohl über einen »Fehler« hinaus, den er öffentlich eher nebenbei »bedauerte«, kriminalisiert, ja zum »Monstrum« gestempelt. Mit ihm, so glaubte er, sollte »eine ganze Epoche unserer Geschichte diffamiert werden«.

In seinem »Tagebuch«, das er ein Jahr später vor 400 Journalisten im Hilton-Hotel am Berliner Gendarmenmarkt vorstellte, schlug er zurück: Bitter, höhnisch und ohne Selbstzweifel. Helmut Kohl sah sich als Opfer einer Kampagne. Und so erschöpft war »der Alte« nun doch nicht, dass er nicht den Kampf aufgenommen hätte – gegen Rotgrün, gegen die Medien und gegen Wolfgang Schäuble, seinen Nachfolger im CDU-Vorsitz, den er als Verräter sah.

Wenn er sich als Zielscheibe hetzender Angriffe beschrieb, dann nannte er sich höhnisch »das System K.«, so als habe sein Leben plötzlich kafkaeske Züge angenommen. Tatsächlich erinnerte der Altkanzler an jenen Gregor Samsa aus Franz Kafkas Erzählung »Die Verwandlung«, der eines Morgens aus unruhigen Träumen erwacht und sich »zu einem ungeheuren Ungeziefer« verwandelt findet. Helmut Kohl, der sich gerade noch »auf dem Olymp« gewähnt hatte, fühlte sich plötzlich als wehrloser, gehetzter, gnadenlos kriminalisierter und verleumdeter Mann.

»Was ist mit mir geschehen?«, fragt Kafkas Held. Helmut Kohl fragte nicht, er wusste es: Er wurde verleumdet und an den Pranger gestellt. Verrat, Treulosigkeit, Illoyalität und Opportunismus, wohin er blickte, dazu die Meute seiner Feinde. Nicht, dass er überrascht gewesen wäre »vom Lauf der Welt«. Schon von seiner Mutter hat Kohl erfahren, dass »die Hand, die segnet, als erste gebissen wird«.

So hatte Kohl die Welt immer erlebt. Nur war er selbst jahrzehntelang derjenige gewesen, der anderen »auf die Füße getreten« hatte, wie er einräumte. Nun, da er selbst das Opfer war, deutete nichts darauf hin, dass die Kategorien, in denen er dachte und redete, andere wären als früher: Vernichtung, Kampagne, Verleumdung, Hetze – Markenzeichen einer erbarmungslosen Freund-Feind-Welt. Kohl: »Was ich theoretisch wusste, habe ich nun in der Wirklichkeit erlebt.«

Dass er selbst der Parteispenden-Skandal war, der in sein Leben eingebrochen zu sein schien wie eine tückische Inszenierung der

Linken, entzog er seiner Wahrnehmung. Realität mochte es früher gegeben haben, als Kohl Staatsmann war. Jetzt ragten seine bizarren Verlautbarungen in die Berliner Gegenwart hinein, als ob Herr K. den Sargdeckel seiner politischen Vergangenheit geöffnet hätte, um aus der Versenkung heraus mit unerbittlicher Hartnäckigkeit einzutreiben, was ihm die Welt schuldig geblieben war: Mitleid, Fairness, Gerechtigkeit, Freundschaft, Verständnis – und Geld.

Anders aber als Kafkas Gregor Samsa, der nach der Verwandlung am Ende in »Rührung und Liebe« an seine Familie zurückdenkt und findet, »dass er verschwinden müsse«, drohte Helmut Kohl mit Nachhaltigkeit: Dem »Tagebuch« sollen im Jahr 2002 seine Memoiren folgen.

Einer wie Kohl gibt keine Ruhe. Auch nicht, wenn er seine CDU, für die er als 19-jähriger Oberprimaner am 14. August 1949 – zwei Tage vor der ersten Bundestagswahl – seine erste Wahlrede hielt, an den Rand der Selbstzerstörung treibt. Das will er doch mal sehen, wer übrig bleibt. Zunächst schien sein eigenes schimpfliches Ende gewiss. Helmut Kohl habe »der Partei Schaden zugefügt«, schrieb die Generalsekretärin Angela Merkel am 22. Dezember 1999 in der »Frankfurter Allgemeinen Zeitung«. Ein gutes Vierteljahr später wurde sie in Essen zur Parteivorsitzenden gewählt, nachdem auch Wolfgang Schäuble in den Strudel des Skandals gerissen worden und als CDU-Chef zurückgetreten war. Helmut Kohl wurde seinen Ehrenvorsitz los, und Friedrich Merz, der neue Fraktionschef der Union im Berliner Parlament, bejubelte den neuen Anti-Kohl-Kurs: »Wir müssen raus aus seinem Schatten, wir müssen den Ton verschärfen, die Distanz vergrößern.«

Aber so dachten keineswegs alle. Gewiss, seinen 70. Geburtstag verbrachte der Altkanzler am 3. April 2000 geradezu auf der Flucht vor der Öffentlichkeit. Eine Großfeier in Berlin hatte die Union genauso abgesagt wie ein halbes Jahr später seine Teilnahme an den Oktober-Festivitäten zum 10. Geburtstag der vereinten Bundesrepublik in Dresden. Doch bei der CDU-Einheitsfeier in Berlin, wo Kohl im »Tränenpalast« seine Parteifreunde mit kraftvollem Tremolo bewegte, tauchte plötzlich auch Angela Merkel wieder neben ihrem alten Chef auf. In ihren Reden blieb sie auf Distanz, auf den Bildern aber war sie ihm plötzlich wieder nah. Helmut Kohl, der »Kanzler der Einheit«, so sollte die Botschaft heißen, bleibt trotz allem einer von uns.

Glücklich war Angela Merkel nicht über diesen Auftritt, den Kohl süffisant genoss. Es sah aus, als wäre »das Mädchen«, wie der Kanzler einst seine Ministerin zu nennen pflegte, vor »dem Alten« zu Kreuze gekrochen. Die aber war bloß ratlos – wie sonst hätte sie das Dilemma der CDU bewältigen sollen? Einerseits wollte sie den Staatsmann und Ehrenbürger Europas für die Union retten, andererseits den Herrn der schwarzen Kassen auf Distanz halten, der gegen Verfassung, Gesetz, seinen Amtseid und den menschlichen Anstand verstoßen hatte.

Doch Helmut Kohl ist unteilbar. Und die Vorstellung, er könnte sich verändert haben, belustigte ihn. »Ich bin am Ende meiner Karriere immer noch der, der ich immer war.« Angela Merkel hätte es wissen können. Sie selbst beschrieb an diesem Tag, wie der Kanzler ihr 1991 seine politischen Grundlehren beibrachte: »Sagen Sie mir ja nichts Politisches. Es reicht völlig, wenn Sie das, was Ihnen wichtig ist, nur in Form biographischer Daten und Informationen mitteilen. Dann hören die Leute auch besser zu.«

Wichtig war und ist Helmut Kohl, dass er sich selbst und seinen Überzeugungen treu blieb in 55 Jahren CDU-Mitgliedschaft, davon 25 Jahre als Bundesvorsitzender und 29 Jahre »als Regierungschef in Deutschland«, erst in Mainz, dann in Bonn. Das war eine geschlossene hochpolitische Leistung. Einen Gegensatz kann und will er nicht erkennen zwischen dem noblen Elder Statesman mit 35 Ehrendoktorhüten und dem Strippenzieher der Partei, dem Gesetzesbrecher und Aussageverweigerer.

Kriminell? Helmut Kohl handelte aus seiner Sicht immer politisch und uneigennützig. Die anderen mochten ihn nach der Vereinigung und vor der ersten gesamtdeutschen Bundestagswahl als mächtigen Partei- und Regierungschef gesehen haben. Er schildert sich und die CDU/CSU als Benachteiligte der Geschichte, die – »mit dem Rücken zur Wand« und ohne »verdeckte Hilfstruppen« wie Gewerkschaften und Medienbeteiligungen – hoffnungslos konkurrenzunfähig waren gegenüber PDS und SPD.

»Ich war nicht bereit hinzunehmen, dass die Linke strukturelle Vorteile genießt und das bürgerliche Lager klar benachteiligt ist«, rechtfertigte sich Kohl später. Zumal die Folgen, glaubt man ihm, verheerend gewesen wären: Ohne hinreichende »Finanzausstattung« der CDU wäre das »große historische Ziel« der Wiedervereinigung missglückt. Also: Keine Einheit ohne schwarze Kriegskassen und illegale Spenden. Und keine Spenden ohne sein Schweigen, auch wenn das ein Fehler gewesen sein mag.

Nein, Helmut Kohl schämt sich nicht. Er hat auch kein schlechtes Gewissen. Im Gegenteil: »Ich büße für diesen Fehler in einer Art und Weise, die in keinem Verhältnis zur Sache selbst steht.«

Dass gegen ihn ausgerechnet wegen »Untreue« ermittelt wurde, musste der Pfälzer für einen besonders schlechten Witz halten. Treue ist der Schlüsselbegriff seines Selbstverständnisses. Schon als Kind habe es für ihn nichts Wichtigeres gegeben, erzählt seine Schwester. Und vor dem Untersuchungsausschuss des Bundestages erregte er sich im Juli 2000: »Ich habe mein Leben lang mein Wort gehalten. Das ist ein wichtiges Kapital für mich. Das hat international und national mir mein Renommee eingebracht.« Gerade unter Druck, das ist Helmut Kohl wichtig, hielt er fest an seinen Überzeugungen, an Menschen und an seiner Version von sich selbst.

Die Erfahrungen der Kriegskindheit haben sein Weltbild und seine Lebensauffassung für immer geprägt. Tatsächlich hatte der Gymnasiast Helmut Kohl damals schon mehr erlebt als viele Erwachsene heute in ihrem ganzen Leben. 15 Jahre alt war er, als er 1945, nach Kriegsende, in seine zerstörte Heimatstadt Ludwigshafen zurückkehrte. Baldur von Schirachs Nachfolger, der Reichsjugendführer Arthur Axmann, hatte den Hitlerjungen Kohl in Bayern auf den Führer eingeschworen – im April 1945, kurz vor dem Ende. Aber Helmut Kohl wollte nicht siegen, sondern überleben.

Für den nur wenig jüngeren Journalisten Jürgen Engert ist Kohl ein »deutscher Typus«. »Organisieren« heißt sein Kennwort. Kohl zählt zu jenen Kindern, die der Krieg zu Halb-Erwachsenen machte, die Leichen ausbuddeln mussten und die Versorgung der Familie übernahmen. In gesetzloser Zeit schlug er sich, halb Kind, halb Soldat, quer durch Deutschland, von Berchtesgaden bis Ludwigshafen. Er sah sich als Überlebenskämpfer an der Heimatfront, einer, der sich auskannte mit den Tricks und Tücken des Daseins.

Engert über diesen Menschenschlag: »Er knüpfte ein Beziehungsgeflecht. Er wusste, wo was zu holen war. Er hatte den Überblick. Er war das spezifische Produkt einer spezifischen Zeit.«

Der Typus Kohl, so Engert, wusste sich zu behaupten. In der gesetzlosen Zeit unmittelbar nach dem Krieg bestimmte er aus eigenem Ermessen, was richtig und falsch, was gut und böse war. Und wann immer Helmut Kohl später in ernsthafte Schwierigkeiten geriet, trat für ihn der Kriegsfall wieder ein.

Auch dass die Kasse stimmen muss, hatte Kohl schon in frühester Kindheit verinnerlicht. Mutter Cäcilie »drehte jeden Groschen dreimal um, ehe sie ihn ausgab«, schreibt Klaus Dreher in seiner Kohl-Biographie »Leben mit der Macht«. Zum Wochenmarkt gleich um die Ecke sei sie vorzugsweise am frühen Nachmittag gegangen, weil dann die Bauern ihre Ware zu Ramschpreisen verhökerten – eine lehrreiche Erfahrung für Sohn Helmut, den die Mutter manchmal zu ihren Einkäufen mitnahm. Geld nannte sie »Bimbes«, wie die meisten Pfälzer, und seit der Skandal publik wurde, hat die pfälzische Wortschöpfung Eingang ins Wörterbuch der Umgangssprache gefunden.

Immer war Geld im Spiel, wenn der Kanzler seine großen historischen Taten vollbrachte. Mit Milliarden, die er dem Kreml zahlte, erkaufte er den Abzug der russischen Armee aus der ehemaligen DDR. Milliarden überwies er den Amerikanern, um die Deutschen aus dem Golfkrieg herauszuhalten. Den misstrauischen Franzosen bot er den Verzicht auf die D-Mark zu Gunsten des Euro an: als Preis für das vereinte Europa.

Und Geld gab auch den Ausschlag bei den entscheidenden Wahlen 1990. Die Deutschen wollten zwar die Wiedervereinigung, argumentierte er damals im kleinen Kreis, aber wenn's um »Bimbes« gehe, höre der Patriotismus auf. Also ließ er die Wähler im Westen glauben, die Vereinigung werde sie nichts kosten. Und den Ostdeutschen versprach er die D-Mark zum Umtauschkurs von 1:1.

Dass er persönlich käuflich gewesen sei, unterstellten ihm nicht einmal seine schärfsten Gegner. Aber dass die 25-jährige Herrschaft über seine Partei auf der Macht des Geldes beruhte, ist unbestritten. Kein anderer Chef der Bundestagsparteien kümmerte sich so sehr um die Details der Geldbeschaffung.

In dieser Hinsicht hieß Kohls großes Vorbild Konrad Adenauer. Ungeniert hatte sich der Gründungskanzler seine Wahlkämpfe von der Industrie finanzieren lassen. Adenauer bedachte – wie später der Enkel – ganze CDU-Landesverbände mit Dotationen, um sie auf seine Linie zu bringen. Über seinen Gehilfen Hans Globke ließ er das Geld verteilen.

Erst nachdem Adenauer als Kanzler abgedankt hatte, geriet sein Günstlingssystem in Verruf. Und es war Helmut Kohl, der damals das große Wort führte. Es sei »doch skandalös«, wie die Union sich finanziere, wetterte er im CDU-Bundesvorstand: »Wenn jemand eine Dissertation schriebe über das innere Gefüge der CDU, dann könnte er klar nachweisen, dass die CDU keine demokratische Partei ist.«

Nun konnte – nach Ablauf der Archiv-Sperrfristen – der Göttinger Historiker Frank Bösch Einblick in jenes »innere Gefüge« der CDU nehmen, das der junge Kohl damals so lautstark anprangerte, ehe er es, als Parteichef, selbst übernahm. »Das Finanzgebaren der Ära Kohl«, schrieb Bösch nach Auswertung der alten Vorstandsprotokolle, »ist in gewisser Weise ein Relikt jener Praxis, die sich bei der CDU in den fünfziger Jahren einspielte. Der zweite große Unionsvorsitzende hielt am überlieferten Spendenwesen fest.«

Tatsächlich hielt er an so gut wie allem fest, wofür sein Idol Konrad Adenauer sich stark gemacht hatte. Der CDU-Vorsitzende Helmut Kohl war – wie es der PDS-Fraktionschef Gregor Gysi im Berliner Reichstag sagte – tatsächlich eine massive Verkörperung der Bonner Republik: Nicht nur stehe kein anderer deutscher Politiker so eindeutig für die Verquickung von Politik und Geld, sondern Kohl sei auch aufgewachsen im Geiste jenes militanten Antikommunismus, der, so Gysi, »für die alte Bundesrepublik identitätsstiftend war«.

Wie Recht Gysi hatte, zeigte sich im Juli 2001, als Helmut Kohl nach der Abwahl seines Parteifreundes Eberhard Diepgen aus dem Amt des Regierenden Bürgermeisters von Berlin ungestüm und ohne Rücksicht auf die Unionsspitze sein politisches »Come-back« ankündigte. »Massiv« werde er sich im Wahlkampf engagieren, drohte er in einer spontanen Pressekonferenz im Berliner Reichstag an: »Es macht mir ein Vergnügen, hier in die Schlacht zu ziehen, rotrot zu sehen und das Wort Kurt Schumachers im Kopf zu haben: Kommunisten sind rot angestrichene Faschisten.«

Nichts konnte Kohls geistige Fixiertheit auf die Adenauer-Ära besser belegen, als die Tatsache, dass er 2001 eine Formulierung des ersten SPD-Nachkriesgsvorsitzenden verwandte, der 1945 – im Rückgriff auf das Ende der Weimarer Republik und seine bitteren Erfahrungen in den Hitler-Konzentrationslagern – jede Zusammenarbeit mit Kommunisten ablehnte: Die seien »rotlackierte Nazis«.

55 Jahre später missbrauchte Helmut Kohl diesen Mann, ganz im Ton und Geiste Konrad Adenauers, als Kronzeugen für einen angeblichen »Verrat« der Sozialdemokraten an seinem »Lebenswerk«, der deutschen Einheit.

Adenauer, »der Alte aus Rhöndorf«, hatte noch persönlich teilgenommen an der ersten Etappe des Kohl-Aufstieges. Als der damals 35-jährige im März 1966 zum neuen Landesvorsitzenden der rheinland-pfälzischen CDU gewählt wurde, war Adenauer in Mainz als Gastredner dabei. Der junge Unions-Politiker aus Ludwigshafen, der zu den Kundgebungen auch anderer Politik-Größen zu radeln pflegte, die aus der Weimarer Republik in den demokratischen Neubau Bundesrepublik hineinragten, war von Anfang an von Adenauer fasziniert. Häufig besuchte er den Alten, als der streitlustige Greis längst unter dem Druck seiner Parteifreunde das Kanzleramt geräumt hatte und in Rhöndorf grollend seine Memoiren schrieb. Für Adenauer war »der Herr Kohl« eine »andere Generation, aber keine unsympathische Generation«.

Fortan tat Kohl so, als habe ihn der Alte zu seinem Enkel ernannt. »Es scheint, dass dieser nachdenkliche, die Strömungen der Zeit vorurteilslos prüfende Mann sich deutlicher zu Wertzielen aus der Tradition der Partei Adenauers bekennen wird – wenn er dazu stärker genötigt wird,« schrieb damals der »Rheinische Merkur«. Und weiter: »Im Stil wie in der Sache ein Adenauer-Schüler.«

Kohl, obwohl er damals als eine Art junger Wilder der Union galt, hat die Ideologen vom »Merkur« nicht enttäuscht. Mit seiner Karriere repräsentierte er die Kontinuität einer deutschen Gemütsverfassung, die bis ins 19. Jahrhundert zurückreicht. Die persönliche Prägung aus Kriegskindheit, Nachkriegsjugend und katholischem Elternhaus machte ihn historisch unverwechselbar. Der Geist Konrad Adenauers imprägnierte ihn mit den Macht- und Feindbildern der autoritären und antikommunistischen Jahre des Kalten Krieges. Dazu kamen die fast hysterische Geld-Fixierung des Wirtschaftswunder-Deutschlands und die Herrschaftsattitüden des Patriarchen Adenauer. Helmut Kohl musste sich nicht verbiegen, um die Enkel-Rolle zu leben. Seine Bewunderung für die autokratische Figur aus Rhöndorf war echt.

Im Namen und unter Berufung auf den Alten tradierte Kohl eine Werte-Welt des 19. Jahrhunderts. Das Misstrauen gegenüber der Herrschaft des Volkes blieb in den herrschenden Schichten, den »staatserhaltenden«, wie Kohl und Adenauer zu sagen pflegten, auch in der zweiten deutschen Demokratie lebendig. Anscheinend glauben – wie noch während des jüngsten Spendenskandals am Beifall der ehrenwerten Hamburger Handelskammer abzulesen war und erst recht zur Feier des 125. Geburtstages von Konrad Adenauer in Köln im Januar 2001 – so genannte »herrschende Kreise« noch heute, Besitzrechte am Staat zu haben. Im Misstrauen gegenüber dem offenen demokratischen System und den unzuverlässigen Massen hält sich die Überzeugung, gesetzliche Regelungen seien nur für die anderen da.

So künden die »Kriegskassen« der Union, die nach Kohls Ausscheiden entdeckt wurden, nicht nur von einem »unausgeräumten Keller mit Vorräten aus dem Kalten Krieg«, wie Gustav Seibt in der »Berliner Zeitung« vermutete, sondern vor allem von einem latenten Bürgerkriegs-Denken, das sich jederzeit zu »übergesetzlichem« Handeln berechtigt fühlte.

Das – deutlich wahnhafte – Szenario beschwor Kohl im März 2000 in der »Welt am Sonntag«: »Die versammelte Linke wollte die Bundesrepublik sturmreif schießen: Sturmreif für eine Loslösung aus dem westlichen Bündnis – mit allen schrecklichen Konsequenzen für Frieden, Freiheit und Wohlstand. Und die gleichen Leute, die mich jetzt dauernd an die Verfassung erinnern, haben damals die Parole ausgegeben, Gewalt gegen Sachen sei erlaubt, die gleichen Leute wollten eine andere Republik, die gleichen großen Verfassungshüter von heute haben damals vorsätzlich das Verfassungsgebot gebrochen, für die deutsche Einheit einzutreten. Sie haben die Verfassung verraten, die Idee der Einheit der Nation verraten, unsere Landsleute im Osten verraten.«

Waren nicht gegen solche »Feinde« – gemeint sind die demokratisch gewählte Bundesregierung in Berlin und die Mehrheit des Parlaments – »schwarze Kriegskassen« geradezu eine Pflicht? Wagenburg-Denken, Wir gegen Die, Innen gegen Außen – das waren die Energiequellen jenes legendären Systems Kohl, dessen selbstzerstörender und antidemokratischer Kern, obwohl immer empfunden und im »SPIEGEL« und anderswo oft beschrieben, erst nach dem Ende seiner scheinbar ewigen Kanzlerschaft ganz sichtbar wurde: Macht geht vor Recht. Erst im Rückblick und mit Hilfe des auffliegenden Skandals trat die mafiose Struktur der Abhängigkeiten deutlich zu Tage, mit denen »der Chef« seine Macht zu festigen wusste.

Seine einst treuesten Gefolgsleute hatten zu spüren bekommen, was die scheinbare Idylle verbarg: »Unter Helmut Kohl ist die Partei der Versuchung zum Opfer gefallen, sich einer zweifellos imponierenden Führungspersönlichkeit bis an die Grenze der Entmündigung anzuvertrauen und sich auf diese Weise zu entlasten«, sagt der sächsische Ministerpräsident Kurt Biedenkopf heute. Heiner Geißler formuliert es noch drastischer: »Seine Idealvorstellung war ein politisches Sultanat mit einer Vielzahl von ihm abhängiger Würdenträger.«

Die CDU ist unter Helmut Kohl sprachlos geworden. In einem Vierteljahrhundert formte der Vorsitzende seine Partei zu einem zugleich höfischen und männerbündischen Gebilde, in dem die Kategorien Kameradschaft und Dankbarkeit den rationalen Diskurs, die kritische Auseinandersetzung, letztlich die innerparteiliche Demokratie ersetzten. »Sachfragen«, so der CDU-Bundestagsabgeordnete Eckart von Klaeden, wurden »zuallererst als Ableitung der großen Loyalitätsfrage begriffen.«

Dünnhäutiger Argwohn, abtaxieren, ob man mit jemandem kann oder nicht, über den Tisch ziehen, ins Abseits stellen, ausspielen und draufhauen, das waren die Kategorien der innerparteilichen Kommunikation. Kohl misstraute nicht nur der Öffentlichkeit, sondern auch seiner eigenen Parteifamilie.

»Wer den Kopf rausstreckt, wird abrasiert, das war das System

Kohl«, sagt Trutz Graf Kerssenbrock, ein CDU-»Nestbeschmutzer« aus Schleswig-Holstein. »Zur Stabilisierung und Beherrschung dieses Systems hat er sich ein Feindbild gebastelt, das unsere Spitzenpolitiker der sechziger und siebziger Jahre bis zur Psychose gepflegt haben: Die Sozen sind gegen uns. Die Presse ist gegen uns. Das Böse siegt, wenn es jemals einen Regierungswechsel gibt. Deswegen ist Krieg.«

Der war mit Kohls Ausscheiden aus dem Amt nicht beendet. Dass »der Chef« alt geworden war und durch kein formales Amt mehr legitimiert, dass er nun bonbonlutschend als »Oldtimer«, wie er selbst spottete, im Reichstag hockte und sich mopste über die dilettantischen Oppositionsanstrengungen seiner Nachfolger, bedeutete nicht, dass das »System Kohl« am Ende gewesen wäre. Das funktioniert, solange er präsent ist. Es steht und fällt mit ihm, aber es sorgt auch dafür, dass er steht und nicht fällt. Seine beiden Nachfolger Wolfgang Schäuble und Angela Merkel haben es immer wieder schmerzhaft zu spüren bekommen, zuletzt in Berlin, als der politische Geisterfahrer Kohl mit Bravour die gesamte Parteispitze überfuhr, um eine Kandidatur Schäubles zu verhindern.

Das »System Kohl« ist mehr ein politischer Zustand als ein klares Machtgefüge. Natürlich stützt sich der Ex-Kanzler bis heute auf eine Truppe von Nickern und Nutznießern, die der Patriarch durch Lohn und Strafe zusammenhält. Aber das ist nur das Gerüst. Das »System Kohl« – das war und ist Stammtisch und Talkshow, Kuhhandel und Hofzeremoniell nonstop, subtile Seelenwäsche und brutales Mobbing.

Des Kanzlers suggestive Überzeugungskraft am Telefon gehört dazu wie das Gewicht seiner Person. Kohl – das ist die Fähigkeit, auf den Gefühlen seiner Mitstreiter und Rivalen zu spielen, seine Gegner einzubinden und bloßzustellen, Konflikte in Sentimentalität zu ertränken. Vor allem aber bezieht das »System Kohl« seine Energie inzwischen aus der Beharrung. Zeit ist Geld? Zeit ist Macht. Wo Helmut Kohl ist, das bleibt sein Anspruch, geht Politik in Geschichte über.

Vor dem Untersuchungsausschuss in Berlin kämpfte der Ex-Kanzler denn auch weniger gegen die Vorwürfe von Verfehlungen als gegen die »Verdunkelung« seiner historischen Größe.

»Sie sprechen von einer Diffamierungskampagne«, hielt ihm ein SPD-Abgeordneter vor: »Droht sie Erfolg zu haben?«

Kohl: »In welcher Richtung? Dass ich aus der Geschichte verschwinde?«

Frage: »Sie haben heute (am 29. Juli 2000) gesagt, es sei das Ziel dieser Kampagne, dass man Ihre Verdienste während Ihrer Regierungszeit verdunkelt.«

Kohl: »Ja. Ich habe aber nicht gesagt, dass das Erfolg hat. Ich habe mich nie in die Geschichtsbücher gedrängt; das haben andere getan. Ich sehe mit großer Ruhe – ob ich das erlebe oder nicht, ist gar nicht meine Frage –, dass sich alles klar herausstellt. Gehen Sie nach Paris. Gehen Sie nach Rom. Gehen Sie nach London. Gehen Sie nach Moskau. Und fragen Sie die Leute, die dort Verantwortung tragen, egal, aus welcher parteilichen Richtung, wie sie es einschätzen. Ich brauche dazu keine Antwort zu geben. Ich habe mein Leben lang nicht morgens im Bett gesessen und überlegt, wie ich Geschichte schreibe. Da gab es andere.«

Nein, eine Untersuchung fand für Helmut Kohl im Ausschuss nicht statt, sondern politischer Kampf. Und dem stellt er sich als Boss, nicht als reuiger Sünder. Theatralisch, anmaßend und fremd ragte er in die Höhe. Er reckte sich auf vor den Abgeordneten, wie immer, wenn er sich Respekt verschaffen will. Stets achtet er darauf, dass seine Ausmaße einschüchternd sichtbar bleiben. Masse ist Macht. Seine gereckte Figur signalisiert, dass er Größe auch als Bedeutung verstanden wissen will.

Es klingt deshalb bescheidener, als es gemeint ist, wenn Helmut Kohl beteuert, er habe immer versucht, die komplizierte Welt der Macht »auf Menschenmaß« zu reduzieren und einzuordnen. Denn nach »Menschenmaß« gehört Helmut Kohl nun mal zu den Größten und Gewichtigsten: mit 1,93 Meter Höhe, Schuhgröße 46 und über 250 Pfund Gewicht, selbst nach dem Abspecken.

Nie hat er ein Hehl daraus gemacht, dass diese raumfüllende Statur für sein Ego eine wichtige Rolle spielt – »gewaltick«, wie er sagen würde. Ihr latentes Gewaltpotential hat sich vor aller Augen entladen, als Kohl einmal auf einen Eierwerfer losstürmte. Vorhanden ist es immer, auch noch im Augenblick tiefster Verwundung.

Als Helmut Kohl im Juli 2001 im Dom zu Speyer Abschied nahm von seiner Frau Hannelore, die den Freitod gewählt hatte, waren viele der Staats- und Trauergäste bewegt und erschrocken über die Diskrepanz zwischen der vergreisten Leere seiner Physiognomie und der Aggressivität seiner körperlichen Präsenz.

Politisches und Privates verdichtete sich in dieser Stunde noch einmal symbolhaft zur Fortsetzung jenes historischen Auftrages, den Helmut Kohl empfindet und ohne Rücksicht auf andere durchzuhalten entschlossen ist.

Sein langjähriger Freund und Berater, der Monsignore Erich Ramstetter, hatte Hannelore Kohl in seiner Trauerpredigt auch als Opfer von jenen »zerstörenden und auf Vernichtung zielenden Kräften« bezeichnet, die Helmut Kohl im Zuge der Parteispendenaffäre mit »Unterstellungen, Verleumdungen und Hasserfahrungen« zusetzten.

Nun bleibt Helmut Kohl als Träger dieses »schweren Schicksals« allein übrig. Und wer ihn nur ein bisschen kennt, der weiß, dass er diese mythisch aufgeladene Szene in Speyer, wo Helmut Kohl immer schon »in besonderer Weise die Einheit von deutscher und europäischer Geschichte« verspürt hat, als Auftrag für den Rest seines Lebens betrachten wird: Er wird denen heimzahlen, denen er die »Heimsuchung« zu verdanken glaubt.

1976–1978
Der gedemütigte Kandidat

Es war kein vorteilhaftes Licht, das auf ihn fiel, als Helmut Kohl 1978 auf dem Bundesparteitag der CDU in seiner Heimatstadt Ludwigshafen herumsaß wie ein ungeliebter Erbonkel im Kreise der Familie. Er war der Vorsitzende der CDU, das ist wahr, der »Enkel Konrad Adenauers«. Aber zwei Tage lang schob er die Schulter vor, als wollte er Schläge abblocken.

Seit er im Oktober 1976 – obwohl er spektakuläre 48,5 Prozent der Stimmen erzielte – die Bundestagswahl verloren hatte und nach Bonn umgezogen war, haftete ihm ein Verlierer-Image an. Als Ministerpräsident in Mainz war der junge schwarze Riese eine Hoffnung, als Fraktionschef der Union in Bonn wurde er eine Lachnummer. »Morgenstunde hat Kohl im Munde«, höhnte der gallige SPD-Fraktionschef Herbert Wehner in das peinliche Schweigen hinein, mit dem die »Jungfern«-Rede seines neuen Kollegen aus Mainz im Bundestag aufgenommen wurde. Kohl vergaß solche Kränkungen nie. Sie machten ihn misstrauisch und einsam.

»Es war ja keine große Zeit für mich, sondern es war eine sehr bittere Zeit, mit einer Menge Niederlagen«, erinnerte er sich viele Jahre später. Nicht nur sah er sich von Helmut Schmidt um den Sieg gebracht, sondern auch Franz Josef Strauß fiel ihm in den Rücken: Die CSU kündigte in Kreuth die Fraktionsgemeinschaft auf. Gewiss, er ging trotzdem nach Bonn, setzte sich auch durch – aber den Mainzer Sieger-Ruf war er los. Sein Redestil, den er dem »Gebabbel« der einfachen Leute seiner Heimat anzupassen begann, machte ihn zum Gespött der Medien: Er fühlte sich als Opfer einer »Schweigespirale«.

Denn dass seine Ausstrahlung bei Wahlkämpfen beträchtlich war, wollten seine Kritiker nicht sehen. Aber die Kultfigur von heute ist nicht plötzlich vom Himmel gefallen. Die Leute drängte es schon damals, »Herrn Doktor Kohl« zu berühren, wenn er durch die Menge schritt. Sie lauschten wie in einer Andacht, wenn er Politik predigte. Gerade das dumpf Verquaste seiner Ausdrucksweise schien eine Art Legitimation zu sein: Genau so oder ungefähr so fühlten sie auch, dass zwar nicht alles seine Ordnung hatte, aber im Grunde einen guten Kern.

Doch was im Bierzelt ankam, griff nicht auf einem Bundesparteitag. In Ludwigshafen fand Helmut Kohl nicht den Ton, um sich aus der Isolierung herauszuarbeiten. Der Tod seines Freundes Schleyer, den die RAF entführt und ermordet hatte, bedrückte ihn zusätzlich.

Immer war Abstand um ihn auf dem Parteitag. Selbst wenn er mit dem Tross seiner engsten Gefolgsleute durch die Hallen zog, blieben die Begleiter zwei, drei Meter zurück. Helmut Kohl wirkte misstrauisch und unkommunikativ.

Wenn er gebraucht wurde, weil die Flügelkämpfe aufbrachen, von denen er behauptete, dass es sie nicht gäbe, dann wurde er nicht geholt. Sein Generalsekretär Heiner Geißler stahl ihm die Schau in kämpferischer Rede, sein Mainzer Nachfolger Bernhard Vogel die als hemdsärmeliger Gastgeber. Und Stoltenberg und Biedenkopf, Carstens und Dregger hatten das Wort, wenn es zur Sache ging.

Kohl beließ es bei lustlosen Randbemerkungen. Der CDU-Chef las nicht, was an kritischen Ratschlägen in den Zeitungen stand, und er hörte nicht zu, wenn Fachleute aus den eigenen Reihen ihm helfen wollten.

Bei seinen Reden verzettelte er sich. Die kopfschüttelnde Bestürzung und Ungeduld der Delegierten in solchen Augenblicken entzündete sich nicht allein daran, dass ihr Vorsitzender den Faden seiner Rede verlor zwischen all dem Geraune um »großartiges Erbe« und »elementaren Hunger nach Sinngebung«, sich überwältigen ließ von »zutiefst christlich verantworteter Politik« und »dem köstlichen Schatz unserer gemeinsamen Geschichte«. Der Parteitag hatte vielmehr einen zutiefst elementaren Hunger danach zu wissen, wovon Helmut Kohl eigentlich redete.

Es war, als präsentiere sich mit Helmut Kohl ein Kandidat für eine andere, unversehrte Welt: eine durch Geborgenheit und Bindung, Opferbereitschaft und Vaterlandsliebe geprägte, eine Welt, in der Politik »Botschaft« ist und »Kraftquell«, Macht aber nichts als eitle Hoffart. In seinem verkitschten Traumdeutschland fanden sich selbst die Parteifreunde nicht wieder.

Ein bisschen Heilsarmee und ein bisschen »Gruft von Weimar«, ganz viel unversehrtes Menschentum und Vertrauen in die »eigenen Gefühle und Empfindungen«, dazu Treue und Güte und Pflicht und Fleiß – so, wie Helmut Kohl seiner Partei die Welt darstellte, konnte sie nicht mal gewesen sein, als er noch der Friesenheimer Bub war.

Kohls Deutschland 1978, in dem Nächstenliebe »ein ganz und gar politisch Wort« ist, Frieden »ein so wichtig köstlich Gut« und die Sehnsucht danach nicht »ein parteiisch Ding« – ein solches Deutschland gab es höchstens in den Lesebüchern der Kaiserzeit. Aber nicht einmal da hätte ein ernsthafter Politiker zu sagen gewagt, dass »der Mantel der Geschichte durch Zeit und Raum geht«. Durch Kohls Träume aber schleifte der Saum der Historie schon ein dutzend Jahre vor dem Fall der Mauer.

Es war eben schon damals alles da, was den ewigen Kanzler zwei Jahrzehnte später charakterisierte: die schwülstige Sprache, die Durchhaltekraft gegen eine feindselige Umwelt, die Fähigkeit, sich die Welt nach eigenem Empfinden schön zu denken, sein Harmoniebedürfnis.

Und klar lagen die Fundamente der Beharrlichkeit Helmut Kohls vor aller Augen: Oggersheim ist und bleibt sein Welt- und Lebensmodell.

Ungeniert zieht der CDU-Chef seither Kraft aus seinen Beschränkungen. Gestützt auf heimatliche Erkenntnisse, weiß er die Welt in richtig und falsch und gut und böse einzuteilen. Ludwigshafener Weisheiten wie: »Soz bleibt Soz, auch wenn er mit dem Zylinder ins Bett geht«, kann ihm niemand nehmen. Ob in Washington oder in Peking, in Bonn oder in Gelsenkirchen, Helmut Kohl findet nichts, was er nicht »natürlich« fände. Schließlich kennt er es von zu Hause.

Keine Überzeugung hat er öfter ausgesprochen und konsequenter gelebt als die, dass alles, was im privaten Leben gut ist, auch in der Politik taugt. Und umgekehrt. Schon in seiner Bonner Amtszeit als Fraktionsvorsitzender redete er sich also ein, »dass zu einem wirklichen politischen Leben das Auf und Ab gehört, auch aus menschlichen Gründen«.

Es ärgerte ihn zwar, als ihn der damalige Generalsekretär Bruno Heck nach dem knappen Wahlverlust 1976 tröstete: »Nimm das nicht so ernst. Du brauchst die Niederlage, um Kanzler zu werden. Dein Gesicht ist noch zu glatt, es hat zu wenig Runen.« Aber schon ein paar Wochen später habe er gewusst, dass Heck Recht hatte, sagt Helmut Kohl heute.

Es galt also, keine Zweifel an den eigenen Fähigkeiten und Aussichten zuzulassen. Entsprechend filterte er die Aufnahme von Informationen.

Auf einer USA-Reise im Jahre 1978 war der Mechanismus des Kandidaten besonders deutlich zu erkennen: Er hörte, sah und erlebte nur Vertrautes. Doch nicht er denkt den anderen hinterher, sondern alle denken wie er. Helmut First.

»Faszinierend ähnlich« fand er das Verhalten der Kongressabgeordneten, »ideengleich« erlebte er die Vereinigten Staaten und die Bundesrepublik, »Interessenidentität« bestand für ihn zwischen beiden Ländern im Bündnis, »überhaupt keine Änderung« würde es in der Außen- und Sicherheitspolitik in Bonn geben, »wenn wir drankämen«, wie Kohls außenpolitischer Experte Alois Mertes hinzufügte. Für Helmut Kohl, und nur für ihn ganz allein zu diesem Zeitpunkt, war das eine Selbstverständlichkeit.

Ob Republikaner oder Demokraten, Juden oder Gewerkschafter, Bonns regierende Sozialliberale oder seine eigene opponierende Union – mit allen war Kohl gleicher Meinung. Selbstsicherheit? Notwehr. Der politische Neuling aus der Provinz riegelte sich ab gegen Informationen von außen, um sich seine hochgepuschte Überzeugung erhalten zu können, dass er der geborene Kanzler sei. Nur so hatte er alles im Griff. Was ihm an Gutem widerfuhr, stand ihm zu. Negatives kam von Neidern, war deswegen zu erwarten und konnte übergangen werden.

Noch heute ist schnell zu erkennen, wenn das Abwehr-Bollwerk Kohl die Zugbrücken zur Umwelt eingezogen hat. Wie in Washington und zu Zeiten seiner Schwierigkeiten mit Franz Josef Strauß verschanzt er sich hinter einer starren Gerecktheit. Seine bei Bedarf bis zur raumgreifenden Gymnastik erweiterten Gesten vermindern sich auf zwei Handbewegungen. Ein ungeduldiges Abwinken – weiß ich doch alles. Ein belehrendes Zeigefinger-Zucken – seht es doch endlich so wie ich.

Seine Stimme bekommt einen überdrüssig gelangweilten Unterton. Lästig, dass er wieder und wieder Selbstverständlichkeiten erklären muss.

Wer die Welt anders sieht als er, ist entweder »einfach dumm« oder dem mangelt es an Informationen. Niemand versteht es wie Helmut Kohl, der Realität mit Worten alle Reste von Kenntlichkeit auszutreiben. Selbst Franz Josef Strauß bekundete höhnisch Respekt vor der Fähigkeit seines Rivalen, »wenn es regnet, den Regen durch Erklärung in Sonnenschein umzuwandeln«.

Kein Wunder, dass dieser Mann den Intellektuellen in der Bundesrepublik Deutschland, seinen politischen Gegnern und auch vielen seiner Parteifreunde kein Rivale zu sein schien, den Helmut Schmidt zu fürchten gehabt hätte. Als ernsthafter Kanzlerkandidat wurde er nicht akzeptiert. Tönendes Nichts, Zwei-Zentner-Null haben sie ihn genannt, einen Über-Lübke. Die Intellektuellen schlugen sich auf die Schenkel vor Vergnügen, wenn der Pfälzer das Handtuch der Gemeinsamkeit zerschnitt, die Stunde der Wahrheit in Raten auf den Tisch legte und dem deutschen Volk zuredete, es müsse die Durststrecke seiner Geschichte tragen.

Keiner aber machte ihn so erbarmungslos zum Gespött wie sein Männerfreund Franz Josef Strauß. Dass Helmut Kohl »1980 nicht automatisch Kanzlerkandidat« werden würde, ließ ihn die CSU in unermüdlichen Wiederholungen wissen. Und als der CDU-Vorsitzende auf dem Parteitag von Kiel im März 1979 bei der Wiederwahl nur 617 von 740 Stimmen erhielt, begann der Bayer sofort wieder von der bundesweiten Präsenz der CSU zu schwadronieren. Kohl fühlte sich bespitzelt, verfolgt und gedemütigt. Mit dem Niedersachsen Ernst Albrecht erwuchs ihm ein weiterer Konkurrent. Sein Rückhalt in der Partei schwand. Er verzichtete.

Dass Strauß die Wahl gegen den populären Helmut Schmidt gewinnen würde, hielt Kohl für ausgeschlossen. Strauß war zum Wahltermin 65 Jahre alt, er selbst gerade erst 50. Er konnte warten, so kränkend die Situation auch war.

Das Ergebnis am 5. Oktober 1980 gab dem CDU-Vorsitzenden

Recht. Die Union fuhr mit 44,5 Prozent das schlechteste Ergebnis seit 1949 ein. Plötzlich stand Helmut Kohl da als »Verlierer, der gewonnen hat«, wie die Bild-Zeitung staunte. Er hatte mehr Wahlveranstaltungen absolviert als jeder andere – Helmut Kohl, Parteisoldat. Die Leute sollten sehen, »der stellt sein eigenes Interesse hintenan«, bekannte er später.

Wie schmerzhaft diese Zeit für Helmut Kohl gewesen sein muss, offenbart er erst, seit er sich seines Platzes in den Geschichtsbüchern sicher ist. Damals, als Franz Josef Strauß zum Kanzlerkandidaten aufstieg und Ernst Albrecht an ihm vorbeizuziehen schien, gab er sich unbeeindruckt von seiner Außenseiterrolle in Bonn.

Er behauptete, er könnte sich »schieflachen« über seine Kritiker, die ihn für einen »Dorfdeppen« halten. Helmut Kohl baute auf »die Menschen draußen im Lande«. Nicht nur von Wahlergebnissen hatte er abgelesen, dass vielen die Intensität seiner Empfindungen wichtiger war als die Korrektheit oder gar Brillanz seiner Formulierungen.

Kohl machte zu, auch gegenüber engsten Mitarbeitern. Kurz angebunden, taktlos, grobschlächtig, verletzend konnte er schon immer sein. Aber was in Mainz eher die Ausnahme gewesen war, gemildert durch weinselig volkstümliche Landesväterlichkeit, bekam in Bonn zunehmend herrische und menschenverachtende Züge.

Kohl begann um seine Person einen zweiten Abschirmring zu ziehen. Wiewohl er sich nach wie vor als kontaktfreudig rühmte und so auch im Lande gesehen wurde, war er in der Bundeshauptstadt zunehmend in eine selbstgewählte Isolierung geflüchtet. Sein Misstrauen galt allen, die in Bonn schon lange den Ton angegeben hatten. Die Unterstützung, die er brauchte, suchte er stattdessen bei den jüngeren Abgeordneten – bei dem 34-jährigen Anwalt Wolfgang Schäuble zum Beispiel, dessen Verlässlichkeit ihm schon 1971 aufgefallen war, als der damals 41-jährige Ministerpräsident Helmut Kohl auf dem Parteitag in Saarbrücken gegen Rainer Barzel im Kampf um den CDU-Vorsitz verlor, mit 144 gegen 344 Stimmen.

Der robuste Kohl, Leitfigur für den Nachwuchs in der Union, merkte sich jeden, der an diesem desaströsen Tag für ihn war, also auch den schmächtigen Bezirksvorsitzenden der Jungen Union von

Südbaden, einen kecken jungen Mann von 29 Jahren. Als dieser Schäuble zwei Jahre später in Singen auf einem Parteitag der Jungen Union seinen Vorsitz abgab, reiste Kohl, inzwischen doch zum CDU-Bundesvorsitzenden gewählt, in die südlichste Ecke Deutschlands, um Schäuble zu preisen.

Loyalität hat Kohl immer honoriert. Und Schäuble war mit solchen Gesten leicht zu gewinnen. Fortan war er, wie ein Wegbegleiter bemerkte, für lange Jahre »180-prozentig Kohl, und noch mal Kohl«. So entstand die kalkulierte Zusammenarbeit zweier Männer, die unterschiedlicher nicht sein konnten und doch eines gemeinsam hatten: Sie wollten Macht.

Der zwölf Jahre ältere Kohl, gefühlsgelenkt, von sich selbst überzeugt, provinziell und argwöhnisch, nutzte die »messerscharfen Analysen« des effizienten politischen Kampfsportlers Schäuble von Anfang an als Waffe. Wolfgang Schäuble war Vollstrecker, Schutzschild und Ideengeber. Gleich im November 1976, noch vor der Wahl zum Bonner Fraktionschef, stellte ihn Kohl auf die Probe. Schäuble tüftelte unter absoluter Geheimhaltung eine Satzungsänderung aus, die es der CDU ermöglichen sollte, sich nach Bayern auszudehnen. Kohl wollte damit die Drohung von CSU-Chef Franz Josef Strauß erwidern, die Fraktionsgemeinschaft der Unionsparteien im Bundestag aufzukündigen.

Schäuble bewährte sich. Seinen gleichaltrigen Unions-Kollegen im Bundestag blieb der brennende Ehrgeiz des »kalten Strebers« nicht verborgen. Eine Reihe von ihnen schloss sich mit ihm zur »Gruppe 76« zusammen. Diese Crew, zumeist aus Baden Württemberg und gerade erst ins Parlament gewählt, scharte sich in der Fraktion bedingungslos hinter Helmut Kohl. Er war für sie der Mann, der die Partei auf absehbare Zeit führen und mittelfristig Bundeskanzler sein würde.

Sie setzten auf den Richtigen. Fast alle machten später unter Kohl und mit Schäuble Karriere: Lutz Stavenhagen als Staatsminister im Kanzleramt und Toni Pfeiffer als Geheimdienstkoordinator, Dieter Schulte als Staatssekretär im Bundesverkehrsministerium, Manfred Wörner als Verteidigungsminister und Nato-Generalsekretär, der Hamburger Lehrer Volker Rühe als CDU-Generalsekretär und Chef des Verteidigungsressorts.

Dankbarkeit war ein wichtiges Element im System Kohl. Der spätere Kanzler vergaß nicht, wer in Zeiten der Krise und des Kleinmuts zu ihm stand. Er selbst zweifelte ohnehin nicht an seiner Chance. Er las Unmengen von Büchern. In Biographien und Autobiographien von Staatsmännern fand er Trost und Bestätigung: »Ich glaube, wenn man erfolgsverwöhnt ist und nicht auch Niederlagen ertragen und getragen hat, ist man ungeeignet für wirklich politische Verantwortung.«

Und er machte es sich gemütlich in seinem Amtszimmer. Umringt von einem kleinen Kreis ergebener Mitarbeiter, aufgemöbelt durch Stereoberieselung mit Hans Albers-Liedern und Vivaldi-Trompeten, wappnete er sich in seinem Fraktionszimmer geistig-moralisch gegen Selbstzweifel und Angriffe von außen.

Zunächst bewahrte er sich in dieser fress-, trink- und lärmfrohen Mini-Heimat nur ein Stück Mainz, wie es singt und lacht. Bei Ausflügen in die Pfalz tankte er Bestätigung nach. Mehr und mehr wurde aus dieser geschlossenen Gesellschaft aber ein ambulanter Brutkasten für sein Selbstwertgefühl, in den er sich auch in Washington verkroch oder in Wien.

Zur allgemeinen Überraschung aber war sein Selbstgefühl in dieser Kunstwelt nicht nur überaus prächtig gediehen. Es hatte sich, wie Mitarbeiter staunten, zum »Sendungsbewusstsein« gesteigert.

1982
Kanzler Kohl – zu jung für Schuld und Sühne

Da stand er nun: aufrecht, raumfüllend und gemessen froh: »Herr Präsident, ich nehme die Wahl an.« Es war 15.12 Uhr am Freitag, dem 1. Oktober 1982. Der Bundestagsabgeordnete Helmut Kohl, 52, war Bundeskanzler.

Die Regierung Schmidt-Genscher hatte sich selbst verzehrt, der Beitrag des Pfälzers beschränkte sich aufs Abwarten. Und doch war das Auffälligste an dieser »bewegenden Stunde« die Selbstverständlichkeit, mit der Kohl alles empfing. Glückwünsche, Beifall, die steifen Gratulationen seiner Vorgänger Helmut Schmidt und Willy Brandt – der hünenhafte Neuling nahm die Aufmerksamkeit entgegen, als beginge er silberne Hochzeit.

Er hatte es eben immer gewusst. Darüber, dass er einmal Kanzler werden würde, hatte Helmut Kohl schon halb-öffentlich zu meditieren begonnen, bevor er im Mai 1969 zum Ministerpräsidenten von Rheinland-Pfalz in Mainz gewählt wurde. Das Bonner Amt erscheine ihm als »ein Amt voller Schrecken«, erzählte er ein Jahr später Günter Gaus in einem Fernsehgespräch. »Vielleicht besser ausgedrückt: voller Eiseskälte der Distanz.« Es entbehre sehr stark menschlicher Nähe und Wärme. Das hinderte den ehrgeizigen jungen Mann aus der Provinz freilich weder daran, sich diesen Job zuzutrauen, noch ihn tatkräftig anzustreben.

Als es nun so weit war, blieb nur Genugtuung, kein Jubel. »Denn bis Sie Bundeskanzler werden«, sagte er später, »haben Sie eine Menge Prügel eingesteckt. Demütigungen eingesteckt. Spott und Hohn.« Helmut Kohl ist keiner, der so etwas vergisst, auch nicht an einem solchen Tage.

Dazu kam, dass er – als er im August 1982 in Urlaub an den Wolfgangsee gefahren war – sicher zu sein glaubte, die Regierung Schmidt-Genscher würde das Weihnachtsfest nicht mehr zusammen erreichen. Bei der Rückkehr fühlte er sich bestätigt. Das psychologische Klima sei angeschlagen, vertraute er seinen Freunden an. Tatsächlich traten am 17. September Hans-Dietrich Genscher und seine drei Minister-Kollegen zurück.

Unverzüglich begann Kohl mit den Liberalen Verhandlungen über eine neue Koalition, an deren Ende die Abwahl des sozialdemokratischen Kanzlers Helmut Schmidt stehen sollte, der als Chef einer Minderheitsregierung im Amt blieb, als »Bundeskanzler auf konstruktiven Abruf«, wie er bitter höhnte.

Kohls Rechnungen gingen auf. So sicher war er seiner Sache, dass er am Abend vor dem Misstrauensantrag mit seinen engeren Mitarbeitern einen wallfahrtsähnlichen Betriebsausflug ins nahe Kloster Maria Laach unternahm. Tags darauf, die Stimmen im Bundestag waren noch nicht ausgezählt, trug der künftige Kanzler dem Hessen Alfred Dregger sein bisheriges Amt an – das des Fraktionsvorsitzenden.

Kein Wunder, dass ihm nach dem Triumph keine Erleichterung anzumerken war. Es konnte auch keine Spannung mehr gewesen sein in diesem Mann, der stets an seine Sendung geglaubt hatte, bis zur Lächerlichkeit unerschütterlich. »Ich habe nicht einen einzigen Augenblick am Wahlausgang gezweifelt«, sagte Hannelore Kohl. Ihr Mann schon gar nicht.

Und doch feierte sich Helmut Kohl im Nachhinein als ein »Paradebeispiel«. Die Art, wie er sich im Kreise seiner Parteifreunde an diesem Tage bewegte, sollte ihn als lebenden Beweis jener Legende vorführen, mit der er den Bürgern der Bundesrepublik Deutschland bis heute Hoffnung eintrichtern will: dass das Gute am Ende siegt; dass Leistung belohnt wird; dass es gerecht zugeht im Leben, weil jeder erreichen kann, was er sich wünscht, wenn er wirklich will.

Keiner sieht die Politik so in Personen symbolisiert wie dieser gewaltige Würden- und Bürdenträger aus der Pfalz. Das Große bleibt groß nicht und klein nicht das Kleine, wie der Sozialist gedichtet hat? Doch. Jeder kann es sehen: Da steht er, ein Brocken von Mann, und ist von oben bis unten »der Antityp des Zeitgeistes«.

Die milde Munterkeit des neuen Bundeskanzlers stand in einem seltsamen Kontrast zu einer etwas tranigen Ungläubigkeit, die sich im Bundeshaus festgesetzt hatte. Dass die große Mehrheit des

Volkes Helmut Kohl für »überfordert« halte, wie Herbert Wehner an diesem Morgen im Plenum sagte, war eine vorsichtige Umschreibung dessen, was in Bonn – bis in die Union hinein – gedacht wurde.

Kohl wirkte am Tag seines Triumphes inmitten der Jubler seltsam entrückt. Durch eine Gasse von Huldigern betrat er, noch ehe das Ergebnis offiziell verkündet worden war, den Plenarsaal. Er, dessen Reden wimmeln von Floskeln des Miteinander, Zueinander, Gemeinsam und Zusammen, blieb auch im Gewühl isoliert.

Kohl wirkte ja nicht erst seit diesem Freitag so. Gerade in den Tagen vor der Wahl war seine abweisende Starre aufgefallen. Der oft unmäßig ausholende Gestus seiner abrupten Bewegungen lenkte von der nahezu toten Masse seiner Statur ab. Kohl ging, als ob er in einem Panzer steckte – einer Riesenschildkröte gleich reckte er ruckhaft Kopf und Extremitäten.

So war er erst in Bonn geworden. Eine gewisse »Abhärtung«, ja »Abstumpfung« räumte er schon damals ein. »Hier ist die Luft eisenhaltig«, hat er schnell gelernt: »Man muss einstecken können.«

Das ist bis heute so geblieben. Sein Gesicht, meist abweisend glatt, höchstens von einem schiefen Abwehrlächeln gespalten, zeigt inzwischen Falten – die seelischen Narben von Jahren der Niederlagen, der Müdigkeit und des Misstrauens.

Er deutet sie, als seien sie ein Instrument der Wahlwerbung wie seine Brille: »Das Gesicht eines Politikers sollte nicht glatt sein. Es wird glaubhafter, wenn es Spuren der Erfahrung zeigt und auch Runen, die aus Misserfolgen herrühren.«

Auch in der Freude ist er verhalten. Er will nicht zu tief in sich hineingucken lassen. Was wie persönliches Bekenntnis aussieht, ist immer auf Wirkung berechnet. Wenn er in den Tagen vor seiner Wahl öffentlich von seiner Einsamkeit sprach, davon, dass er »in den kritischen Stunden immer alleine ist«, dann klang das nicht nur penetrant sentimental, sondern gehörte auch schon zu den Attitüden, die er für sein Amt an der Spitze offenbar für unverzichtbar hält: Einsamkeit in den Wolken ist das Schicksal des geistigen Führers.

Als Helmut Schmidt nach seiner Niederlage mit schweren Schritten auf seinen Nachfolger zuging, um ihm die Hand zu drücken, fiel auf, wie vergleichsweise jung der Pfälzer war. Sein Lebensmuster stimmte plötzlich wieder. Denn immer ist Helmut Kohl der Jüngste gewesen: 1959 als Abgeordneter im Landtag von Rheinland-Pfalz, mit 33 Jahren als Fraktionsvorsitzender im Landesparlament, mit 39 als Ministerpräsident, dann ist er der jüngste Kanzlerkandidat der Union.

Danach im Oktober 1982, nach einer mühseligen Anlaufstrecke von sieben Jahren, auf der selbst dieses Kraftpaket manchmal von »Kleinmut« und »Verzagtheit« überwältigt zu werden drohte, war er der jüngste Bundeskanzler der Nachkriegspolitik und der erste, der die Nazizeit nicht im Mannesalter durchlebt hatte.

Von dieser Tatsache, die er mit einer Formel von Günter Gaus als »Gnade der späten Geburt« kennzeichnete, macht Helmut Kohl viel Aufhebens. Schon bei seinem ersten Auslandsauftritt als Kanzler, drei Tage nach seiner Wahl, stellte sich der Nachfolger von Ex-Oberleutnant Helmut Schmidt dem französischen Präsidenten François Mitterrand als historisch unbelastet vor: Er sei der erste deutsche Regierungschef, der aus der politischen Nachkriegsgeneration komme, »bei Kriegsende fünfzehn Jahre, zu jung, um in Schuld und Sühne verstrickt zu sein«.

Ganz falsch war das ja nicht. Aber richtig auch nicht. Vor allem irritierte die forsche Unbekümmertheit, mit der er Unklarheiten deutschen Selbstverständnisses zu überspielen versuchte, seine ausländischen Zuhörer. Und das um so mehr, je häufiger und ausschweifender Kohl sie zu rechtfertigen versuchte.

Nach seinem ersten Besuch in Israel begann eine anhaltende kritische Auseinandersetzung mit des Kanzlers Gnaden-Begriff, die ihn zu immer neuen Erklärungen veranlasste. 1992 sagte er in einem Fernsehinterview: »Als ich diesen Satz im israelischen Parlament sagte, war der allgemein verständlich, denn der Satz ist auch völlig in Ordnung. Was heißt er? Ich habe gesagt: Wer wie ich 15 Jahre am Ende der Nazizeit war, der war zu jung, um in Schuld zu geraten mit 15 Jahren. Er war aber alt genug, um noch zu begreifen – jedenfalls zum Schluss – , was da passiert ist. Jetzt kommt aber der entscheidende Punkt an diesem Satz: Dass Leute wie wir, die das, ob wir wollten oder nicht, mitgemacht, miterfahren haben, die Pflicht haben, an die nächste Generation, die all das nur aus den

Papieren und Erzählungen weiß, das weiterzugeben und den Leuten zu sagen: Seid einmal ganz vorsichtig, bevor ihr über eine ganze Generation zu Gericht sitzt.«

Es musste Helmut Kohl erst viel missglücken, bevor er begann, seine Worte zu wägen: Nach seinem Amtsantritt hantierte er noch unbefangen mit dem Begriff der Führerschaft. Nichts hatte er an seinem Vorgänger Helmut Schmidt so bemängelt wie dessen bewussten Verzicht auf »geistige Führung« der Nation. Nichts sollte seine eigene Regierungszeit so prägen wie der Versuch, dies nachzuholen. Wenigstens verbal.

Die »geistig-moralische Herausforderung« wollte er suchen, eine »geistig-moralische Reform« einleiten, ein anderes »geistig-moralisches Klima« schaffen. Helmut Kohl, der geistige Führer der Bundesrepublik Deutschland? Jawohl, ohne Wenn und Aber.

Wahr ist, dass die Westdeutschen sich auch damals schon zutiefst verunsichert fühlten. Angst hieß das Kennwort der frühen achtziger Jahre. Die »Frankfurter Allgemeine Zeitung« ortete die Bundesrepublik vor einem »säkularen Wandel« von spätmittelalterlichen oder spätrömischen Ausmaßen. Von der »Auflösung der Zivilisation« unkte Golo Mann. Bei weiterer wirtschaftlicher Belastung werde »das System zusammenbrechen«, glaubte der Historiker Wolfgang Mommsen. Schon damals sah der bayrische Kultusminister Hans Maier die Westdeutschen als »eine Gesellschaft auf dem Wege zurück zum Faustrecht«.

Die Verwirrung war groß. Zwei gegenläufige Trends wurden sichtbar. Restauration breitete sich aus auf der offiziellen Ebene, kein Zweifel. »Bei den Institutionen«, sagte Ralf Dahrendorf, »bewegt sich nichts.« Im Gegenteil. Der Status quo wurde festgeschrieben und betoniert, paramilitärisch verteidigt.

Aber zugleich erschien richtig, dass die Bundesrepublik Deutschland durch die Zeit einer »historisch beispiellosen zivilisatorischen Dynamik« ging, wie der konservative Philosoph Hermann Lübbe schrieb. Denk- und Lebensweisen von Millionen Menschen, nicht nur die der jungen, veränderten sich rapide.

Die Mehrheit der Bürger fühlte sich allein gelassen. Hilflos. Bedroht. Die Regeln waren noch da, theoretisch eindeutig, aber wirksam oft nur noch als Ideologie. Die Richtung war nicht erkennbar.

»Wo leben wir denn hier eigentlich?«, hieß ein Stoßseufzer, der mehr war als eine Standardfloskel.

Nichts stimmte mehr. Alle sahen alles anders als die anderen, und alle hatten auch noch Zeugen und Beweise. Nicht nur, »weil in unserem Lande viel zu viel ganz schlicht gelogen« wurde, wie der frühere Fernsehpfarrer Jörg Zink schimpfte, »zu viel verheimlicht, vertuscht und unter den Teppich gekehrt wird«, war ein großer Teil der Bevölkerung durcheinander.

In dieser Situation empfand sich Helmut Kohl allen Ernstes als eine Art Retter. Er stellte sich vor als ein Mann, der den Dienst auf sich nahm, einen »Saustall« auszumisten. Er versprach den »sozialistischen Dschungelstaat«, in dem »das Faustrecht herrscht« und »geistige Verwahrlosung«, zurückzuführen in eine bürgerliche Gemeinschaft, in der »das blanke Ich wieder aufgeht in dem Wir des Volkes«.

Was er anbot, klang wie ein Leben im Heimatfilm: Wärme, Zuversicht, Optimismus, Kindersegen und ein Volk in der Pflicht. Dass die Hausfrau und Mutter wieder höchsten Dienst tut, wollte er in seiner Regierungserklärung festschreiben.

Stürmisch wie einst im Mainzer Mai, als der Raufbold der Jungen Union noch in Sandalen und ausgefransten Pullovern die CDU-Honoratioren seiner Heimat schockierte, redete Helmut Kohl von »Aufbruch« und »Abenteuer«, von einem »neuen Anfang« und von einem Weg »zu einem neuen Ufer«. Nur war es ein Aufbruchsbefehl zum Rückmarsch.

Denn immer, wenn der schwarze Riese behauptete, dass er »nach vorn sieht, einer Vision nachstrebt«, dann tauchten vor seinen Zuhörern prompt die Erscheinungen von Konrad Adenauer und Ludwig Erhard auf. Die Unionsrepublik der fünfziger und sechziger Jahre, irgendwo angesiedelt zwischen Wiederaufbau und Formierter Gesellschaft, entpuppte sich als das Zukunftsmodell des neuen Kanzlers – ausstaffiert nach idyllischen Vorbildern aus der Pfalz der 50er-Jahre, aber auf neuestem technischen Niveau – Atomenergie mit Familiensoße.

Den Namen Konrad Adenauer spricht Helmut Kohl bis heute mit einer fast sakralen Ehrfurcht aus. Vielleicht hätte seine aus der Physis bezogene Beharrlichkeit und Durchsetzungskraft ausgereicht, Kohl im pfälzischen Heimatland konkurrenzlos die Karriereleiter hinaufklettern zu lassen. Doch um Kanzler werden zu können, bedurfte es mehr. Tatsächlich wurde sein Ehrgeiz mit geradezu metaphysischer Weihe aufgeladen, als der greise Konrad Adenauer eine Vorliebe für den Mainzer Fraktionsvorsitzenden zu entwickeln begann, die sich anderen CDU-Größen schwer erschloss.

Von Adenauer ermutigt, für den CDU-Bundesvorstand zu kandidieren, hatte Kohl wohl mit Bonn zu liebäugeln begonnen. Damals schon, erzählt er bis heute gern, habe Adenauer ihn beiseite genommen und gemeint, Kohl habe das Zeug zu seiner Nachfolge. Seither gibt es keine wichtige Rede, in der sich der Pfälzer nicht auf das »Erbe Adenauers« beruft. Aber was gemeinhin bei allen Unionschristen in den Spitzenrängen nur Legitimationsfloskel ist, bedeutet ihm hehre Verpflichtung. »Mit der Berufung auf Adenauer vermag er sich selbst zu mobilisieren«, erzählt ein enger Mitarbeiter.

Anneliese Poppinga, die Sekretärin des ersten deutschen Bundeskanzlers, bestätigt, dass der junge Kohl und der greise, aus dem Amt geschiedene Adenauer sich Briefe und Karten schrieben, oft miteinander telephonierten und einander besuchten. Der Alte sei für den Jungen sogar noch in den Wahlkampf gezogen. Blumen von Kohl liegen seit Jahren stets frisch auf dem Grab des Unionspatriarchen.

Wieviel nachträgliche Überhöhung auch im Spiel sein mag – unschwer ist zu erkennen, dass Kohl durch das Beispiel des Alten aus Rhöndorf ermutigt wurde, seine größten Schwächen als politische Stärken zu betrachten: die mundartliche Färbung seiner Reden, den bodenständigen Provinzialismus, seine simple Weltbetrachtung, die Reduzierung von praktischer Politik auf Personalangelegenheiten.

Und dass er, wie Adenauer, ein Machttechniker war, der nach geduldiger Aussitzerei – wenn es ihm nötig erschien – nicht »pingelig« war bei der Wahl seiner Mittel, das bewies der neue CDU-Kanzler vom ersten Tage seiner Amtszeit an. Er hatte nämlich, ohne sich um verfassungsrechtliche Bedenken zu scheren, sogleich Neuwahlen angesetzt – für den 6. März 1983. Bundespräsident Karl Carstens musste dafür das Parlament auflösen.

Dazu war der konservative Rechtsprofessor Carstens indes nur unter großen Skrupeln bereit. Er führte in vier Wochen siebzehn Gespräche mit dem neuen Kanzler. In seinen »Erinnerungen« schreibt er: »Ich sagte zu Kohl, ich müsse die Überzeugung gewinnen, dass die Bundesregierung in wichtigen Fragen der Innen- und Außenpolitik keine Mehrheit im Parlament habe.«

Am 7. Januar 1983 verordnete der Bundespräsident die gewünschten Neuwahlen. Wer oder was auch immer ihm die notwendige Überzeugung zur Auflösung des Parlaments verschafft haben mochte – Helmut Kohl war es gewiss nicht. Den kümmerten weder Verfassungsbedenken noch die Würde des Staatsoberhauptes. Er machte unverschleiert klar, wer jetzt das Sagen hatte in der Republik.

Zwei Monate später wurde er als Bundeskanzler wiedergewählt, getragen von einer klaren Mehrheit der Bevölkerung. Mit 48,8 Prozent übertraf er sogar noch sein Ergebnis von 1976. Die Londoner Times, die sich bis dahin über »Mr. Anybody« im Bonner Kanzleramt mokiert hatte, schrieb jetzt: »Dr. Kohls ausdruckslose Onkelhaftigkeit und sein selbstzufriedener Provinzialismus mögen für Intellektuelle und für Witzbolde im Kabarett alles andere als anziehend sein, aber selbst die Spötter müssen zugeben, dass er für einen Jedermann bemerkenswert gut dasteht.«

1983
Die Großfamilie CDU und der »Meistesser«

Als Kanzler tickte Helmut Kohl nach einem anderen Lebensgesetz. Fünf Jahre waren vergangen, seit er seine Ohnmacht auf dem Parteitag in Ludwigshafen großspurige überspielt hatte, aber nun thronte er in Köln über seiner politischen Gefolgschaft wie ein gütiger, dicker Christenkönig.

Mai 1983. Es war der erste Parteitag der CDU nach seinem triumphalen Wahlerfolg. Die CDU war wieder Regierungspartei. Wer hätte das gedacht? Niemand. Wer hat es immer gesagt? Helmut Kohl. Der wirkte fortan, als glaube er sich jedes Wort. Die Ergriffenheit, die aus seiner Rede sprach, wenn er auf die Häupter seiner Lieben herabblickte, ließ seine Augen feucht schimmern.

Er schritt kraftvoll, bewegte sich gemessen, redete auch – ganz im Gegensatz zu seiner hibbeligen Motorik in drangvollen Kampfzeiten – mit statuarischer Würde. Wo immer sich ihm eine Schulter bot, schlug Helmut Kohl gütig drauf. Wo immer ihm jemand zunickte, lächelte er huldvoll zurück.

Mit tönenden Worten deckte er die Versammelten ein, mit Macht und Moral, Leistung und Geschichte, Vertrauen, Treue, Kraft und Pflicht. Fett schwammen diese Prachtwörter auf seinem getragenen Redestrom, fett und schwarz wie der Schriftzug »Deutschland« über der Bühne.

Fast sah es aus, als müsste sich der Parteitag unter dem Gewicht dieser Vokabeln erst hervorarbeiten, bevor er sich zu Ehren des Vorsitzenden langsam von den Sitzen aufrappelte. Auch dann noch klang der Beifall eher gedämpft als begeistert. Gravitätisch, nicht triumphierend, nahm Helmut Kohl ihn entgegen.

Doch war es, wie er später zu sagen pflegte, nicht irgendein Parteitag, sondern ganz unbestritten seiner – gerade weil es kein Jubelfest war. Erst die dämpfende Majestät seiner Auftritte ermöglichte ihm jene Glanzrolle als Übervater, die im allzu hellen gemeinsamen Jubel leicht hätte untergehen können.

Bedeutungsschwer setzte er den Ton: »Wir sind nicht irgendeine Partei.«

Nein, diese Partei war und ist mehr für Helmut Kohl als eine politische Interessen-Union. In Köln rang er nach Worten, weil er »wirklich enorm furchtbar« erfreut war. Heimat fiel ihm ein, Miteinander, Geborgenheit, gemeinsames Tun. Kurz, die CDU ist – der rheinische Landeschef Bernhard Worms sprach es aus – »eine große Familie«.

Tatsächlich waren Helmut Kohl in der »Sternstunde« seiner Wiederwahl zum Vorsitzenden lauter Vokabeln eingefallen, die er am Morgen den Delegierten unter dem Stichwort »Renaissance der Familie« hergebetet hatte. Die Familie alten Stils zur Keimzelle eines neuen »Klimas der Mitmenschlichkeit und Geborgenheit in unserem Lande« zu machen, das ist für ihn »moderne, progressive Politik«. In der Union wachsen dann alle diese Klimazellen zur wärmenden Überfamilie zusammen, und Helmut Kohl ist und bleibt der mütterliche Vater aller.

Über die heile Familienwelt zu reden, war freilich leichter als sie zu leben, in der Partei wie zu Hause. Niemand wusste das besser als Helmut Kohls Frau Hannelore, die ihm – zusammen mit den Söhnen Peter und Walter – am 2. Oktober 1982 ganz handfest beim Umzug ins Bonner Kanzleramt geholfen hatte. Gern war sie nicht in Bonn, denn als ihr Mann dort ins Machtgetriebe geriet, verschlug es sie an den Rand. Es kam, wie Unionsabgeordnete erzählen, zu heftigen privaten Auseinandersetzungen. Sie selbst bekannte später: »In Bonn war ich doch am Anfang das blonde Dummchen vom Lande.« In der Tat wurde sie in der Umgebung ihres Mannes oft »die Doofe« genannt oder »die Mutter«.

Sie zog sich nach Rheinland-Pfalz zurück, ihr Mann lebte zusammen mit seinem Fahrer Eckhard Seeber und seiner Sekretärin und Vertrauten Juliane Weber in einer Art Wohngemeinschaft im Bonner Vorort Pech. Und obwohl Hannelore Kohl selbst demonstrativ mit Juliane Weber, die sie auch schon mal ihre »beste Freundin« nannte, in den Urlaub fuhr, hielten sich in Bonn die Gerüchte. Kohls Freunde befürchteten, dass sie nicht mehr lange aus den Schlagzeilen zu halten sein würden. Hanns-Martin Schleyer, Präsident der Arbeitgeberverbände, wurde deutlich: »Helmut, du musst das Zigeunerlager auflösen, samt Marketenderin.« Kohl hat ihm das nie vergessen.

Für Hannelore Kohl wurde das Bonner Leben zur Tortur. Die Presse, so empfand sie es, übernahm erbarmungslos alle Klischees. Sie fühlte sich »im Fadenkreuz der Medien«, litt darunter, dass jedes Wort zitierfähig sein sollte und ärgerte sich über alles, was über sie in den Zeitungen stand. Es dauerte lange, bis sie spöttisch einer Journalistin der »Stuttgarter Zeitung« sagen konnte: »Ich weiß ja nun, dass, wer nicht schlecht über mich schreibt, sich fast schon entschuldigen muss.«

Nichts hatte sich Hannelore Kohl ursprünglich sehnlicher gewünscht als Geborgenheit in einer ganz normalen Ehe, beschützt von einem starken Mann. Für immer geprägt durch traumatische Erlebnisse auf der Flucht von Leipzig in die Pfalz kurz vor dem Ende des Zweiten Weltkrieges, sehnte sie sich nach Halt und einer verlässlichen Lebensperspektive. Der kraftvolle und selbstbewusste Helmut Kohl, damals 18, wurde für die 15-jährige Schülerin Hannelore, die die Luftangriffe, die Angst vor den Scharfschützen, vor der Flucht, die Bedrohung durch Rotarmisten, den Hunger und die Heimatlosigkeit tief verinnerlicht hatte, ein »Mann zum Anlehnen«.

Bei einem Klassenfest im Gasthaus »Zum Weinberg« in Ludwigshafen lernten sie sich 1948 kennen. »Ich war so glücklich, dass ich in dieser schrecklichen Zeit einen Menschen gefunden hatte, der so stark ist wie ein Berg, der mich beschützt«, erinnerte sie sich später.

Zwölf Jahre »gingen« sie miteinander, bevor sie am 27. Juni 1960 heirateten, sie war protestantisch, er katholisch. Helmut Kohl, damals 30 Jahre alt, kaufmännischer Angestellter beim Chemieverband, Vorsitzender des CDU-Kreisverbandes Ludwigshafen und Landtagsabgeordneter in Mainz, hatte auf der langen Wartezeit bestanden, weil er zunächst – mit ihrem Einverständnis und durch sie angeregt – ein Einfamilienhaus bauen wollte.

Die Fremdsprachenkorrespondentin Hannelore Renner gab ihren Job bei der BASF auf. 1963 und 1965 kamen die Kohl-Söhne Walter und Peter zur Welt. Bald sollte sie sagen: »Schade, dass die heile Welt so verlacht wird, dass man sie mit Spießbürgerlichkeit in einen Zusammenhang bringt.«

In diesen frühen Jahren, als sie sich daran zu gewöhnen begann, dass der Berufspolitiker Helmut Kohl für seine Ehe und Familie nicht viel Zeit hatte, wirkte Hannelore Kohl tatkräftig und lebensfroh. 1971 trat sie in die CDU ein. »Ich bin da, wenn er mich braucht«, so sah sie ihre Rolle.

Diese klare Unterordnung – in der Politik wie in der Familie die Kernvoraussetzung des Kohl'schen Machtsystems – blieb über alle Krisen und Veränderungen hinweg bestehen. »Wenn ich mich nicht so völlig auf meinen Mann eingestellt hätte, wäre unsere Ehe schief gelaufen«, sagte sie einmal. Er sagte das Gleiche mit anderen Worten: »Glücklicherweise habe ich in meiner Frau eine Lebenspartnerin gefunden, die übersteigerten Ehrgeiz und den Hunger nach Anerkennung um jeden Preis nicht kennt.«

Ganz am Anfang mag sie noch Hoffnungen gehabt haben, sich an seiner Seite eine eigene Berufsidentität aufbauen zu können. Die Fremdsprachenkorrespondentin, die gern Dolmetscherin werden wollte, sprach fließend Französisch und Englisch, studierte eine Weile in Paris und konnte in vier Sprachen stenografieren. Aber daraus einen Beruf zu machen, war mit Helmut Kohl nicht möglich. »Der Dicke ließ sie nicht«, sagt ein Freund der Familie.

Sie hat wohl auch nicht allzu heftig dafür gekämpft: »Ich komme aus einer Generation, in der sich die Frage einer Berufstätigkeit für eine verheiratete Frau einfach nicht so stellte.« Aus ihrer Schulklasse habe keine Einzige in der Ehe weitergearbeitet. Für eine andere Entscheidung gab es kein Modell zu jener Zeit.

Für Helmut Kohl war das die schiere Selbstverständlichkeit. Klare Hierarchien, klare Arbeitsteilungen, Loyalität und gegenseitige Gefälligkeiten – das lernt man in der Familie fürs Leben.

Nie hätte Hannelore Kohl dieser Einstellung widersprochen. Trotzdem begann nun, da ihr Mann im März 1983 durch einen grandiosen Wahlsieg im Kanzleramt bestätigt worden war, für sie eine neue Phase. Einen Tag später feierte sie ihren 50. Geburtstag. Der Bundeskanzler umarmte seine Frau und stieß mit ihr »auf die nächsten 50 Jahre« an.

Das galt freilich seinen Leuten eher als Signal für seinen eigenen politischen Beharrungswillen denn als Wunsch für seine Frau. Hannelore Kohl nahm den Toast mit kühler Freundlichkeit zur Kenntnis. Ganz offenkundig hatte sie Abstand gewonnen oder zumindest eine neue Fähigkeit entwickelt, ihre Gefühle nicht mehr öffentlich kundzutun. »Ich spiele meine Rolle an seiner Seite entweder schlecht, akzeptabel oder gut«, erläuterte sie später der »Welt am Sonntag«: »Es gibt nur diese drei Varianten. Und ich hoffe, ich mache es gut.«

Sie sprach fast nur noch in kurzen, nichts sagenden Sätzen, freundlich und risikofrei. Über ihr Zusammenleben mit Helmut Kohl bekannte sie später mit sarkastischer Übertreibung: »Wir schweigen uns die ganze Zeit an.« Nach außen hieß ihr Motto: »Da zu sein, Verständnis zu haben, sich zurückzunehmen.« So vertrat sie »den, dessen Namen ich trage«, glanzlos und bieder.

Helmut Kohl passte dieses Image seiner Frau vorzüglich ins Konzept der von ihm propagierten geistig-moralischen Wende. Mehr als die Kanzler selbst spiegeln ihre Ehefrauen in der Geschichte der Bundesrepublik Deutschland den jeweiligen Zeitgeist wider. Mit Hannelore Kohl, die sich untadelig, aber konventionell kleidete, fast regungslos mit starrem Lächeln in die Kameras blickte und sich ergeben zwei Schritte hinter ihrem Mann bewegte, schien die Anknüpfung an Luise Erhard und Marie-Luise Kiesinger, die Kanzlerfrauen der sechziger Jahre, nahtlos zu gelingen. Die alljährlichen Ferienbilder vom Wolfgangsee hätten aus einem Heimatfilm der Adenauer-Zeit stammen können.

Besser konnte Kohl also nicht signalisieren, dass die wilden Jahre der 68er-Kulturrevolution, die sich im bescheidenen Umfang auch in den emanzipatorischen Auftritten der Ehefrauen sozialdemokratischer Kanzler widerspiegelten, überwunden sein sollten. Rut Brandt hatte sich als Berlins Antwort auf Jackie Kennedy präsentiert, Loki Schmidt betonte ihre Eigenständigkeit von Ehemann Helmut durch botanische Fachkenntnisse und Hinweise auf ein eigenes Berufsleben. Hannelore Kohl aber konzentrierte sich allein auf ihre Kinder und auf die Sozialarbeit.

Immer ist es ein Erfolgsrezept Helmut Kohls gewesen, dass er selbst an den Wahrheitsgehalt seiner Appelle glaubte, die er öffentlich vortrug. Helmut Kohl erscheint es unerklärlich und nicht in Ordnung, dass in der Politik mit anderen Maßstäben gemessen wird als im Privatleben. Zehn Jahre nach seiner Kölner Familienrede ereiferte er sich in einem Fernsehinterview: »Wenn Sie jemandem etwas Gutes tun wollen, dann bringen Sie Blumen mit, machen Sie Geschenke, und zwar nicht nur am Geburtstag, sondern geben doch auch unterm Jahr durch klare Zeichen der eigenen Familie oder anderswo zu erkennen: Ich mag dich. Ich liebe Dich. Das ist doch das Leben.«

Wieso – fragte er – sollen eigentlich in der Politik solche Gesten nicht ankommen? Kohl: »Das ist wie im privaten Leben. Sie haben doch Leute in Ihrer eigenen Familie und Sippe, mit denen können Sie oder mit denen können Sie nicht. Wenn Sie Geschwister haben, dann bringen die eine Frau oder einen Mann hinzu, und den finden Sie entsetzlich; den anderen finden Sie ganz herzlich. Dann sitzen Sie im Beruf. Wenn Sie Glück haben, dann können Sie mit denen; wenn Sie Pech haben, dann bekommen Sie ein Magengeschwür, weil Sie mit einem Ekel zusammensitzen.«

Tatsächlich offenbaren solche Trivialitäten das eigentliche Geheimnis Kohl'scher Erfolge. Häufig gelang es dem CDU-Chef und Kanzler, seinen überbordenden Amtsanspruch zu koppeln mit Signalen einer ganz persönlichen Verbundenheit an jeden Einzelnen, seien es Parteifreunde oder Wähler.

Nicht wenige in Köln fühlten sich ganz direkt angesprochen und geschmeichelt, wenn dieser große Mann, der neben sich lauter Minister und Ministerpräsidenten versammelt hatte, ganz bescheiden jeden Delegierten und jedes CDU-Mitglied im Schlusswort bat, »mir persönlich« zu helfen.

Diese Methode, die im Verhältnis zwischen Kanzler und Volk allenfalls auf der Basis von Appellen und Versprechungen funktionierte, basierte in der Partei auf einem handfesten Unterbau. Helmut Kohl hatte in seinen mehr als fünfzig Unionsjahren ein feines Netz von Verbindlichkeiten gewoben, das er auch in seiner Kanzlerzeit ausgiebig weiterpflegte. »Es ist unglaublich, was der alles weiß, was dem alles zugetragen wird«, staunte schon in Köln eine norddeutsche Delegierte. Seither hat er sein Wissen zu einem bedrohlichen Machtschatz aufgetürmt.

Kohl belohnt und straft. Er vergisst nichts, und er vergibt nicht. Der direkte Zugang zu Menschen ist die Methode, mit der sich Helmut Kohl die Welt erschließt.

Nicht, dass er wirklich ein Menschenkenner wäre. Er nähert sich anderen instinktgelenkt auf der Gefühlsebene, wittert Sympathie oder Abneigung. Für die Wünsche und Schwächen seiner Mitmenschen, für ihre Schläue, ihre Energie und ihre Sentimentalität hat er ein feines Gespür. Mit dem Beginn der Annäherung versteht es der Kanzler, auf dieser emotionalen Ebene ein Wechselspiel gegenseitiger Abhängigkeiten in Gang zu setzen. Diese Beziehungen gliedern sich hierarchisch, gern beschreibt sie »Papa Kohl« – wie die Russen ihn später zu seiner Freude nannten – in Familienkategorien. Das kleidet die Herrschaftslage in ein freundliches Gewand.

Immer hat der Politiker Kohl gewusst, wie er sich Menschen verpflichten kann, indem er ihre Ambitionen mit seinen Lebenszielen verknüpft. Früh hat er gelernt, dass es sich auszahlt, auch Kleinigkeiten nicht zu übersehen. Er hat Buch geführt und Wert darauf gelegt, dass Geben und Nehmen sich ausbalancieren. Loyalität ist keine Einbahnstraße, heißt das im Bonner Politdeutsch. Kohl: »Ich lasse nicht gerne Leute im Regen stehen.« Doch verlangt er dafür uneingeschränkte Verlässlichkeit.

Sein Verhältnis zu Wolfgang Schäuble war dafür beispielhaft. Als Kohl Kanzler wurde, war Schäuble, obwohl er sich persönlich Helmut Kohl damals noch »nicht sehr nahe fühlte«, bereits sein engster Mitarbeiter außerhalb des Kanzleramtes. Zwar konnte er Schäuble nicht – wie versprochen – zum Fraktionschef machen, aber tatsächlich degradierte der Badener als Erster Parlamentarischer Geschäftsführer den Vorsitzenden Alfred Dregger zum Statisten. »Dregger macht die Reisen, Schäube die Arbeit«, feixte Kohl.

Beim Gang ins Bundeshaus schaute der Kanzler häufig auf eine halbe Stunde bei Schäuble vorbei. Helmut Kohl gefiel es, dass er über seinen »leitenden Kompaniefeldwebel« Schäuble auch die Fraktion im Griff hatte. »Wolfgang Schäuble hat damals eine enorme Leistung vollbracht«, pries Kohl seinen Gefährten später: »Diese schwierige Fraktion musste sich gewaltig umstellen. Sie war seit 1969 in der Opposition. Jetzt trug sie Mitverantwortung für das Gelingen der Regierungsarbeit. Eine solche Gruppe zusammenzuhalten war äußerst schwierig. Schäuble machte die Fraktion aktionsfähig, trieb sie nach vorne, führte die unterschiedlichen Interessen zusammen«.

In dieser frühen Phase gewann Schäuble zum ersten Mal Einblick in das fragwürdige Finanzwesen seines Partei- und Fraktionschefs. In der Fraktionskasse, die er als Parlamentarischer Geschäftsführer von dem Kohl-Spezi Wilhelm Rawe übernommen hatte, fand Schäuble Beträge in Millionenhöhe vor. Offenkundig hatte der langgediente Rawe, der schon elf Jahre als Parlamentarischer Geschäftsführer tätig war, seit 1976 für den CDU-Vorsitzenden Kohl nicht nur Fraktionsgelder angehäuft, sondern auch Spenden und Zuwendungen. Mit Blick auf die vorgezogene Bundestagswahl im März 1983 beschloss der frischgebackene Kanzler, dieses Sparschwein zu schlachten. Rawe schleppte sechs Millionen Mark in bar in die CDU-Parteizentrale, der Generalbevollmächtigte der CDU-Schatzmeisterei, Uwe Lüthje, brachte dann das Geld über den Treuhänder Horst Weyrauch bei der Hauck-Bank in Frankfurt unter.

So nahm die Geschichte des Kohl'schen Schwarzkontensystems ihren Anfang. In seinem »Tagebuch« schrieb der Ex-Kanzler knapp zwanzig Jahre später: Nachträglich deute nichts darauf hin, dass Schäuble an dieser Transaktion Anstoß genommen habe. In Wahrheit ist Wolfgang Schäuble längst, wie er später erklärte, »ein Anhänger Kohls« gewesen, ohne »genau sagen zu können, warum und wieso«. Einen Satz später fiel es ihm aber doch noch ein: »Natürlich war er viel offener, viel zugänglicher, viel zupackender, viel direkter und sehr viel weniger formal als seine Vorgänger.«

Kohl lohnte die Loyalität damals durch gezielte Aufmerksamkeiten. Mehrmals täglich rief der Kanzler seinen Geschäftsführer im Bundestag an. Regelmäßig trafen sich Kohl und Schäuble zum Abendessen im Kanzlerbungalow oder in Bonner Restaurants. Doch was wie eine fast private Geste aussah, war für Helmut Kohl immer auch ein Machtritual. Bis heute liebt es Kohl, Essen und Trinken als Beleg seiner prallen Lebenskraft öffentlich vorzuführen. Als ländlichen Patriarchen sieht er sich am liebsten. Bauer habe er beinahe einmal werden wollen, das Pflügen mit Zugochsen habe er gelernt. Als Parteichef pflügte er Konkurrenten unter.

Mit beidem brüstete der Kanzler sich dröhnend, wenn er im Kreise seiner Getreuen bei Wahlkampfeinsätzen eine Wurstvesper einlegte. In Strickjacke und Schlappen saß er dann breitärschig in der Mitte seiner Helfer und säbelte dicke Scheiben Wurst vom Stück. Die reichte er eigenhändig »seinen Leuten« auf der Messerspitze rüber – am liebsten mit dem Taschenmesser; wer keins hat, ist für ihn kein Mann.

Der Philosoph Elias Canetti hat für diesen Politikertypus den Terminus »Meistesser« eingeführt. In »Masse und Macht« scheint er Helmut Kohl vorausgeahnt zu haben: »Je voller er ist, umso besser ist ihm zumute ... Er isst und zecht mit den ausgewählten Leuten seiner Umgebung, und was er ihnen vorsetzen lässt, gehört ihm. Wenn er schon nicht selbst der stärkste Esser ist, so müssen doch seine Vorräte die größten sein ... Er könnte, wenn er nur wollte, immer der Meistesser sein.«

Es ist das Modell von nackter Macht und Herrschaft, das die Lebensähnlichkeit ausmacht: Auch als Kanzler und Parteichef liebte es Helmut Kohl, seinen ungenierten Zugriff auf Menschen hinter grobianischer Kumpeligkeit zu verstecken. Laut und leutselig verbreitet er bis heute einen Frohsinn, der fast immer auf Kosten anderer geht. Sein behäbiger Dialekt soll die Schärfe seiner oft schroffen persönlichen Frotzeleien mildern, die er gern auch noch als Zeichen seines Wohlwollens betrachtet.

Kohl ist in Gesellschaft immer aggressiv und offensiv. Nie würde er direkt einen Fehler zugeben. Er brüllt seine Mitarbeiter an, übersieht penetrant, wen er in die Schranken weisen will, duzt unvermittelt, wen er auszuzeichnen wünscht.

In Bonn sei es schwierig, die Symbole der Herrschaft zu erkennen, hat Stefan Kornelius in der »Süddeutschen Zeitung« vermerkt, es fehle eben an prunkvollen Palästen und geschwungenen Auffahrten. Kein Staatsgast muss endlose Treppen steigen und hallenartige Büros durchqueren. »Bonn ist nicht auf den Fluren zu begreifen. Macht vermittelt sich nicht durch Prunk und Protz. Sie kommt vielmehr leise daher. Macht zeigt sich in Personen oder Ämtern, in Gesichtern und Gesten – und keiner spricht ihre Sprache besser als Helmut Kohl.«

So ist Helmut Kohl »der Chef« geworden in Partei und Regierung – »der Alte«, der für Gefolgstreue ein feines Gespür und für Verrat ein Gedächtnis hat wie ein Elefant. In der Partei nicht und nicht im Kabinett hatte sich einer oben gehalten, der ihn als Konkurrent hätte gefährden können. Sein Misstrauen und seine Anforderungen an Gesten der Unterwerfung sind Legende. Erst wer sich ihm preisgab, gehörte zu denen, die beim Kanzler »WIR« hießen.

Dass in der Politik keine anderen Regeln gelten als im privaten Leben, belegt er täglich durch sein Verhalten. Verblüfft verfolgte die Öffentlichkeit, wie er seit seinem Amtsantritt die Weltpolitik mit pfälzischer Gemütlichkeit zu durchtränken begann. Fünfzehn Jahre später war dieser Stil als persönliches Markenzeichen des Deutschen akzeptiert.

Mit Staatsmännern und -frauen ging Kumpel Kohl – auch auf offiziellen Weltgipfeln – so normal um wie mit Nachbarn. Nicht, dass er glaube, internationale Probleme ließen sich durch Freundschaften lösen. Aber es erleichtere das Geschäft, wenn die persönliche Chemie stimmt, findet Kohl. Und wenn er mit jemandem gut stehe, dann telefoniere er halt mit ihm. Kohl: »Ich habe die Gewohnheit, Leute anzurufen, vor allem dann, wenn es ihnen dreckig geht, auch in der Politik. Und wenn man dann fragt, wie geht es Dir denn, und du merkst, wie das den anderen freut, dann kann ich natürlich auch mit dem schwierige Sachen bereden. François Mitterrand und ich, wir sind Anti-Typen gewesen; wir haben zusammengefunden.«

Befragt, wie er denn dem russischen Staatschef Boris Jelzin zu begegnen pflegte, antwortete Kohl: »Freundschaft heißt immer, dass man das sagt, was man weiß und was man sagen muss, und nicht das, was man vermutet, dass der andere es gern hört.« Fast verschämt bekannte der Russe, dass er sich mit »Helmut« duze. Er war einer mehr im Kreise der Welt-Staatsmänner, zu denen der deutsche Bundeskanzler, der sich zunehmend einsamer fühlte in seinem hohen Amt, einen so intimen Kontakt unterhielt wie mit privaten Freunden.

Von Michail Gorbatschow hatte er sich oft halbstundenlang etwas über dessen beschränkte Genossen im Politbüro vorweinen lassen, bevor das Gespräch »zur Sache kam«. Felipe Gonzalez schwätzte mit »Helmut« über eine gemeinsame Landrover-Tour. François Mitterrand rief aus Paris gelegentlich an, bloß um dem Deutschen zu raten, angesichts der miesen Presse den Kopf oben zu behalten »wie beim Wasserski«. Genau darauf konnte er sich aber verlassen, der François.

Und dann plauschten die beiden, bis der CDU-Chef seinen kichernden sozialistischen Kollegen darauf aufmerksam machte, dass er sich bekanntlich hauptamtlich »zur Bekämpfung des Sozialismus zu Lande, zu Wasser und in der Luft« verpflichtet habe, »24 Stunden am Tag«, weswegen er nun auflegen müsse. Solche Anrufe wirkten wie Medizin.

Es dauerte nicht einmal vier Jahre, knapp die erste Amtszeit, da war es Helmut Kohl in Bonn gelungen, der allgemein beklagten Flucht vieler Menschen vor der Politik ins Private seine ganz spezifische Antwort entgegenzusetzen: Er hatte seine Privatheit zur Politik erhoben. Kohls Stammtischweltsicht färbte die internationalen Beziehungen der Bundesrepublik Deutschland, seine Vorliebe für Schlachtplatten und Pudding verfetteten die Bonner Bankette. Der personenfixierte Machtkarrierestil des Pfälzers geriet zum politischen Hauptinhalt des Kanzlertums. Kohls persönliche Vorurteile prägten den öffentlichen Umgangston.

Leicht ist es nicht einmal allen Unionspolitikern gefallen, mitzuerleben, wie die Bonner Politik auf diese Weise einen unübersehbar kohleigenen Stich ins Banale und Provinzielle bekam. Auf Parteitagen erlebten sie amüsiert, bewundernd, aber auch beunruhigt, dass der Kanzler seine Eigenheiten inzwischen auch innenpolitisch zum Stil verfestigt hat, zu einem populistischen Fernsehfeudalismus.

Sonderlich professionell wirkte der nicht. Franz Josef Strauß hohnte: »Wenn man eine mittelständische Firma leiten würde wie Kohl das Kanzleramt, dann wäre sie längst pleite.«

Inhalte? Die Nachrüstung setzte er durch. Amerikanische Pershing II-Raketen wurden in der Bundesrepublik aufgestellt. Bis heute behauptet Kohl, dass er damit den Untergang der sowjetischen Weltherrschaft eingeleitet, beschleunigt oder gar besiegelt habe. Darüber hinaus tat und sagte der Wende-Kanzler nichts, was nicht alle schon gekannt hätten. Kein neuer Gedanke, keine originelle Formulierung irritierte seine Leute, nicht mal aus Versehen. Nicken oder einnicken, eine andere Wahl ließ er ihnen nicht.

Sie nickten noch einmal, wenn auch nur müde. Am 25. Januar 1987 wurde die Koalition wiedergewählt, doch die Union kam gegen die SPD mit Johannes Rau nur auf 44,3 Prozent. Kanzler Kohl verlor 4,5 Prozent, fast ein Fiasko.

1989
Realsatire Bonn

So locker wie an diesem 23. Mai 1989 war die Stimmung in Bonn schon lange nicht mehr. Zwei Jahre nach Helmut Kohl war auch Richard von Weizsäcker wiedergewählt worden. Auf einem Restaurantschiff am Rheinufer feierte er bei strahlendem Sonnenschein seinen Sieg. Missmutig und voller Argwohn beobachtete der Kanzler, wie der alte und neue Bundespräsident angeregt mit der Bundestagspräsidentin Rita Süssmuth und dem Oppositionsführer Hans-Jochen Vogel plauschte – in der Nähe nur noch eine Gruppe Grüner Frauen und weit und breit kein Mensch aus der Regierung Kohl.

Der Kanzler, der sich gegen Frust den Bauch mit Süßem vollzuschlagen pflegt, hatte – beim dritten Nachschlag – ärgerlich abgewinkt, als sein Vertrauter Eduard Ackermann ihm die Bitte seiner Parteifreundin Süssmuth übermittelte, an ihren Tisch zu kommen. Er stapfte missmutig an Land.

Schon lange wirkte der silberne Schopf Richard von Weizsäckers auf Helmut Kohl wie ein rotes Tuch. Statt ihm dankbar zu sein, weil Kohl ihn sozusagen für die Politik entdeckt hatte, blamierte ihn der Präsident durch elegante Reden und kaum verborgenen Spott. Für Kohl war das Gefolgschaftsverrat.

Tatsächlich begann die Parteilaufbahn des Industriemanagers und Edelmannes 1964 nach einem Spaziergang mit Helmut Kohl durch die Pfälzer Weinberge. Aus der Sicht des späteren CDU-Vorsitzenden verdankte der evangelische Seiteneinsteiger seinem katholischen Mentor Kohl Bundestagsmandat, Aufstieg in die Fraktions- und Parteispitze, das Amt des Regierenden Bürgermeisters von Berlin und letztlich auch die Wahl zum Bundespräsidenten.

Weizsäckers spätere Antwort, »Dankbarkeit für Karriere« erscheine ihm eine »völlig fremde Kategorie«, musste ihn empören.

In Wahrheit hatte jedoch an Ambitionen von Anfang an keiner dem anderen nachgestanden. Das Ungleichgewicht zwischen den beiden Machtmenschen mit monarchischer Attitüde war nie so groß, wie Helmut Kohl geglaubt haben mag. Wohl stimmt es, dass er – damals CDU-Fraktionschef im Landtag von Mainz – Richard von Weizsäcker für Bonn gewann und ihn vier Jahre später als Unionskandidaten für das Amt des Bundespräsidenten ins Spiel brachte. Aber davon profitierte Helmut Kohl auch selbst, denn von Weizsäcker hatte sich längst als Präsident des Evangelischen Kirchentages einen Namen gemacht.

Überdies vergrätzte Kohl schon damals seinen Protegé, indem er ihn in letzter Minute aufforderte, von der Kandidatur zurückzutreten, weil Franz Josef Strauß auf den konservativen CDU-Mann Gerhard Schröder gesetzt hatte. Gewählt wurde schließlich der Sozialdemokrat Gustav Heinemann.

Sechs Jahre später, 1974, unterlag von Weizsäcker gegen Walter Scheel, den Kandidaten der sozialliberalen Koalition. Ehe von Weizsäcker, der nicht die Absicht hatte, Kohls Dauerkandidat für das Präsidentenamt zu werden, auch für 1979 wieder ins Gespräch gebracht werden konnte, ging er als Bewerber um das Amt des Regierenden Bürgermeisters an die Spree.

Er gewann die Wahl in Berlin. Bundespräsident in Bonn wurde Karl Carstens. Aufgegeben aber hatte von Weizsäcker seine Pläne, doch einmal in die Villa Hammerschmidt einzuziehen, keineswegs. Nur wollte Kohl ihn da längst nicht mehr. Bei einem Fußballländerspiel gegen die Türkei im Berliner Olympia-Stadion stritten die hohen Herren 1983 in aller Öffentlichkeit wie die Kesselflicker. Beide operierten inzwischen von gehobeneren Machtpositionen aus – der Pfälzer als Kanzler in Bonn, der Freiherr, inzwischen aus eigener Kraft CDU-Präside, als ein erfolgreicher und beliebter Landeschef und Wahlgewinner.

Richard von Weizsäcker setzte sich durch. Im Mai 1984 löste er Karl Carstens ab. Der öffentliche Druck und Franz Josef Strauß hatten sich gegen den eifer- und rachsüchtigen Kanzler verbündet, der selbst noch immer nicht sonderlich populär war.

Umso mehr wurde es der noble Präsident mit der Silberlocke. Zum wachsenden Ärger Helmut Kohls begann Richard von

Weizsäcker eine Art Gegenrepublik zu verkörpern – eine Republik, in der Intellektuelle willkommen waren im offiziellen Bonn, eine Republik des Diskurses und der Integration, eine Republik der Aussöhnung mit dem Osten und der nicht geschönten Erinnerung an die Nazivergangenheit. Richard von Weizsäckers Bundesrepublik knüpfte eher an Willy Brandt an als an Konrad Adenauer.

Am Tage seiner Wiederwahl wurde das besonders deutlich. Ausgerechnet aus einer Bundestagsrede der grünen Fraktionssprecherin Antje Vollmer, die Helmut Kohl wütend als Signal für »eine andere Republik« verdammt hatte, zitierte von Weizsäcker den Satz: »Es geht spannend zu in der Bundesrepublik Deutschland.«

Die klare Botschaft, die der sonst eher vorsichtig formulierende Präsident den Bürgern zur Feier ihrer Verfassung und zum Auftakt seiner zweiten Amtszeit im Staatsakt übermittelte, lautete: Die Nachriegsordnung ist in Bewegung.

Und, keine Frage, der konservative Präsident sah das positiv. Er warnte die Männer davor, »unwiederbringlichen Privilegien nachzutrauern«. Er mahnte die Berufspolitiker vor dem Irrglauben, im Verfassungsstaat seien die Bürger nur Zuschauer, allenfalls Schiedsrichter. Sie sind, sagte er, die »wahren Politiker«.

In Europa, im Ost-West-Verhältnis und im eigenen Lande – überall sah Richard von Weizsäcker »aufregende Perspektiven«, einen »atemberaubenden Prozess«, »Veränderungen«, die »neues Denken« und den Mut erforderten, den er den Verfassungsvätern und -müttern nachrühmte: »Man musste sich der Wirklichkeit stellen und handeln.«

Die vor Leere glänzenden Gesichter in der ersten Reihe – Kanzler Kohl und der erzkonservative Präsidentenvorgänger Karl Carstens, NATO-Generalsekretär Manfred Wörner und CSU-Chef Theo Waigel – gefroren in kalter Wut, als der Präsident den Jugendrevoluzzern von 1968 gegen »ihren« Obrigkeitsstaat bescheinigte: »Geistige, soziale und politische Folgen sind seit 1968 geblieben. Basisdemokratie wurde eingefordert – das ist unbequem und fruchtbar.«

Auch aus der »Gruft«, wie Helmut Kohl das Präsidentenamt höhnend zu nennen pflegte, wehte ihm und seiner Regierung jetzt der Wind ins Gesicht. Der Staat, den er mit so viel Regierungspomp als »unsere Republik« feiern ließ, sollte plötzlich auch der Staat der anderen sein? Kaum hatte der Präsident geendet, hasteten der Kanzler und seine Minister aus der Bundesversammlung, als seien sie auf der Flucht.

Richard von Weizsäckers Rede wirkte wie die Regierungserklärung einer Koalition, die es noch nicht gab. Dass – im Gegensatz zu früheren Präsidentenwahlen – viele Beobachter kein eindeutiges Signal in Richtung auf ein neues Parteien-Bündnis erkennen konnten, lag daran, dass der Präsident Zeichen entlang einer Trennlinie setzte, die quer verlief zu den alten Links-Rechts-Orientierungen.

Über die Parteigrenzen hinweg war ein Bruch zwischen einem Lager des bornierten und vollbackigen Beharrens auf »Bewährtem« auszumachen und einem Lager, das – wie ängstlich und zögernd auch immer – umdenken wollte. Viele tastende, ängstliche und neugierige Gespräche am Rande des Weizsäcker-Staatsaktes zeigten, dass manches in Bewegung war. Tabus im Umgang lösten sich auf. Aber deutlich wurde vorerst nur das Bröckeln im alten Lager.

Unübersehbar war vor allem, dass die Regierung Kohl tiefer in der Krise steckte als je zuvor. Zwar waren mit Theo Waigel, Rupert Scholz und Wolfgang Schäuble neue Leute ins Kabinett nachgerückt, aber des Kanzlers Blößen konnten auch die nicht verdecken.

Der Politik der Regierung Kohl war die Glaubwürdigkeit abhanden gekommen. Und nichts hatte mehr dazu beigetragen, als die Flick-Affäre mit all ihren Folgen und Begleiterscheinungen.

Nach einer Falschaussage vor dem Mainzer Parteispendenausschuss war Kohl im März 1986 dem Ende seiner Karriere gefährlich nahe gewesen. Jahre später offenbarte sein Helfer Uwe Lüthje, dass der Kanzler damals sogar an Rücktritt gedacht habe. Nur weil er, Lüthje, vor den Staatsanwälten gelogen habe, sei Kohl an einem Gerichtsverfahren vorbeigekommen.

Als CDU-Generalsekretär Heiner Geißler damals versuchte, die Falschaussagen des Kanzlers als »Black-out« zu verharmlosen, hielt Schäuble dagegen: »Totaler Quatsch.« Nicht Kohl habe falsch ausgesagt, der Ausschuss habe falsch gefragt.

Die Wahrheit über Kohls Verwicklung in das System der schwarzen Kassen kannte Schäuble jedoch. Er hatte nach dieser Krise eine erste Stufe der Emanzipation von Helmut Kohl erreicht. Bei aller Loyalität – jetzt wusste er, dass der schwarze Riese sterblich war.

Allerdings war auch er verwundbar: Der smarte Jurist ließ sich von seinem Chef dazu verleiten, die nach Kohls Kanzlerwahl verschärft aufbrechende Flick-Parteispenden-Affäre mittels einer Amnestie für alle Beteiligten zuzuschütten. »Da hat er sich von Kohl zum Knecht machen lassen«, sagt ein Weggefährte.

Im November 1981 waren Ermittler bei einer Durchsuchung der Zentrale des Flick-Konzerns in Düsseldorf auf ein Kassenbuch für Schwarzgeld gestoßen. Damit geriet eine Affäre ins Licht der Öffentlichkeit, bei der am Ende in 1860 Verfahren wegen Bestechung und Bestechlichkeit gegen Politiker und Industrielle wie den Flick-Manager Eberhard von Brauchitsch ermittelt wurde.

Der forderte Hilfe von der »politischen Landschaft«, die er so üppig gedüngt hatte. In geheimer Kommandosache beschlossen deshalb die Parteichefs von CDU, CSU und FDP – Helmut Kohl, Franz Josef Strauß und Hans-Dietrich Genscher – einen zweiten Amnestieplan für Parteispender, nachdem ein erster 1981 am Widerstand der Öffentlichkeit und dann der SPD gescheitert war. Kohl gab Weisung, den Kreis der Mitwisser so klein wie möglich zu halten. Schäuble sollte die Ausführung erledigen. Am Ende ging auch dieses Vorhaben im Mai 1984 unter, nun spielte die FDP-Basis nicht mit. Schäuble nannte dieses Ergebnis »einen meiner größten Flops, eine der bittersten Stunden meiner parlamentarischen Arbeit«.

Trotzdem blieb er für Helmut Kohl unentbehrlich. Wenig später, im November 1984, holte der Kanzler Schäuble als »Bundesminister für besondere Aufgaben« in sein Amt. Auf den Titel, verbunden mit seiner Machtfülle, hatte Schäuble bestanden. Das Durcheinander, das Kohl im Kanzleramt auch selbst anzurichten pflegte, hatte Wolfgang Schäuble von seinem Büro im Bundeshaus aus mit großer Distanz betrachtet. In kleiner Runde schimpfte er, Kohl kapsele sich mit seiner engsten Führungstruppe ab. Nun sollten mit Schäuble, dem Aufsteiger, der noch viel mehr vorhatte, neue Zeiten im Hause Kohl anbrechen.

Schon bald erwies sich der Politprofi – den die Zeitungen »Kohls letzte Patrone« nannten – als eine Art Wunderwaffe. Schäuble machte sich seinem Chef unentbehrlich. Anfang 1987 erzählte des Kanzlers getreuer Berater Eduard Ackermann: »Der wirkliche Überberater ist Schäuble. Der sitzt schon morgens, bevor die kleine Lage beginnt, bei Kohl, ist abends auch der Letzte und sieht ihn noch zwischendurch.«

Schäuble verlangte, verkörperte und vertrat unbedingte Loyalität zu Helmut Kohl. Als CDU-Generalsekretär Heiner Geißler Anfang 1989 offen auf Konfrontationskurs zum CDU-Chef ging und der baden-württembergische Ministerpräsident Lothar Späth zum Kohl-Rivalen um den Parteivorsitz wurde, ermutigte Schäuble den Kanzler zum scharfen Schnitt. Er selbst wurde statt Geißler Innenminister.

Die Rivalität zwischen Parteichef Kohl und seinem Generalsekretär Geißler hatte eine lange Vorgeschichte. Geißler beanspruchte die »Führung der Parteigeschäfte«, als Kohl Kanzler wurde. Mit jedem Jahr, das Kohl in der Regierung war, muckte der eigensinnige und in der Partei beliebte Württemberger deutlicher auf: Kohl versäume die nötige Modernisierung der CDU; er verhindere die Chance zu neuen Koalitionen und habe nicht den Mut zu einer klaren Aussage »zugunsten der Sicherheit der polnischen Westgrenze«.

Geißlers schärfste Angriffe trafen den CDU-Chef, als er sich Anfang 1989 auf rapider Talfahrt in den Umfragen befand. Seine Partei hatte Landtagswahlen verloren. Sie stand für Stagnation. Der Generalsekretär ließ Parteifreunde ungeschminkt wissen, was er von Kohl hielt: »Der kann es nicht.«

Zunächst hatte Kohl den Plan, den unbequemen aber auch hilf- und einfallsreichen Weggefährten Geißler, den er schon 1967 in Mainz in sein Kabinett geholt hatte, wieder zum Minister zu machen um ihn so in die Loyalität zu zwingen. Aber Geißler lehnte ab. Dann, riet Wolfgang Schäuble seinem Chef, »muss er gehen«. So geschah es. Den Glaubwürdigkeitsverfall der Politik insgesamt und Helmut Kohls im Besonderen konnte aber auch der Neue im Kanzleramt nicht aufhalten. Selten war es einer Regierung so schnell und so gründlich gelungen, das »kommunikative Urvertrauen« zu verspielen, wie dem Kabinett des schwarzen Riesen.

Possen, Tölpeleien, Widerwärtigkeiten – vom Parteispenden-Skandal mit Kanzler-»Blackout« bis zur Barschel-Affäre – eine Folge dreist wegerklärter öffentlicher Zwielichtigkeiten hatte die Geduld der Bürger überfordert. Abwanderung zu anderen Parteien, Verdrossenheit, Misstrauen und Verachtung waren die Folge. Dass ein »psychologisches Großklima« entstanden war, »das sehr schwer zu bewältigen ist«, räumte der Kanzler zwar ein, als die Bürger sich über ein Übermaß von Belästigungen durch Tiefflieger empörten. Dieses Klima aber durch verstärkte Propaganda – die natürlich »Informationsoffensive« oder »Überzeugungsarbeit« hieß – verändern zu wollen, bedeutete, die Menschen mit zusätzlicher Rede weiter zu verprellen. Ihnen wurde mehr von jener Sprache aufgedrängt, mit der sich die Sprecher zuvor schon unglaubwürdig gemacht hatten.

Kohl selbst verstand es, sich auf vielen Wegen redend um jeden Kredit zu bringen, vor allem bei TV-Gesprächen. Er versuchte, sich auf Kosten seiner Partner in Szene zu setzen. Er redete unangemessen pathetisch und hochgestochen. Er sagte, was niemand mehr hören wollte, weil er es in gleichen Formulierungen immer und auf jede Frage abzusondern pflegte. In Form und Inhalt beharrte er darauf, seine Gesprächspartner – die direkten im Studio und die gemeinten daheim – seien Dummköpfe. In solchen »Darstellungen« der Politik lehrte er die Bürger, die Bundeswehr als die »eigentliche Friedensbewegung« zu sehen und den Tiefflugkrach als »Melodie der Freiheit« zu hören. Bis zur Idee, die NATO für den Friedensnobelpreis vorzuschlagen, war es dann für Heiner Geißler nur noch ein kleiner logischer Schritt.

Zukunftsvorstellungen? Sachliche Auseinandersetzung? Information über den Entscheidungsprozess, etwa zum Bau einer heiß umstrittenen atomaren Wiederaufbereitungsanlage in Wackersdorf? Kohl: »Wir sind doch das den Bürgern in Bayern, vor allem auch in der Oberpfalz, schuldig, dass wir das nach allen Seiten in aller Ruhe miteinander bedenken und auf diese Art und Weise zu einem vernünftigen Ergebnis kommen.«

»Vernünftig«, »miteinander«, »in aller Ruhe«, »nach allen Seiten« – Kohls Vokabeln drückten für die Bürger der Oberpfalz eine Fürsorge aus, die niemand spürte, als der Wald gerodet, der Bauzaun errichtet und der Polizeiknüppel geschwungen wurde. Und das nach der Reaktor-Katastrophe von Tschernobyl.

Die Bürger in Wackersdorf empörten sich. Viele anderswo lachten. Das war kein fröhliches Lachen, sondern Ausdruck von Ohnmacht, Wut und Erleichterung. Kohl hilflos strampeln zu sehen, wenn er, wie im Slapstick-Kino, unentwegt einbrach zwischen den Ebenen seiner heilen Wendewelt und dem schmierigen Morast aus Täuschung und Tolpatschigkeit, Eigensucht und Machtgier, in dem er und seine Helfer herumwateten, war für Millionen seiner lieben Mitbürgerinnen und Mitbürger ein entlastendes Schauspiel. Lachen war für sie ein Ventil, mit dem sie Druck ablassen konnten.

Denn ähnlich hilflos in einer instabilen, unübersichtlichen und bedrohlichen Lage fühlten die Lacher sich ja auch in ihren Familien, an ihren Arbeitsplätzen, auf den Ämtern, vor dem Fernsehschirm – überall. Ausgeliefert. Und Ohnmacht erzeugt Wut. Dass gerade in Bonn, wo angeblich die Planer, Ordner und Macher sitzen, der Oberbescheidwisser ähnlich in der Politik herumstolperte wie sie im Leben, erleichterte ungemein.

Helmut Kohl redete ja nicht nur. Er umarmte auch ganze Fußballnationalmannschaften. Er rieb sich in pfälzisch-bayrischen Männerfreundschaften auf, würdigte die aufopfernden Recherchen seines Verteidigungsministers Wörner in der Kölner Homo-Szene, wo der vergeblich versuchte, den unbescholtenen General Kießling zu überführen. Hansjoachim Tiedge, einer der Spitzenagenten des Kanzlers, lange als Kölner Karnevalist getarnt, setzte sich in die DDR ab. In Briefkuverts fand der CDU-Vorsitzende Tausendmarkscheine, und die Neujahrsrede des Regierungschefs von 1985 wurde ein Jahr später noch einmal im Fernsehen gesendet. Nicht am Wortlaut, nur an der Krawatte bemerkten Zuschauer die Wiederholung.

Realsatire Bonn?

So real der Bonner Irrwitz erschien, so befremdlich wäre es gewesen, ihn Satire zu nennen. »Satiriker sind Idealisten«, hat Erich Kästner geschrieben, der seinen August Wilhelm Schlegel wohl kannte: »In der Satire wird die Wirklichkeit als Mangel dem Ideal als der höchsten Realität gegenübergestellt.« Aufklärung also. In Helmut Kohls Bonn aber war die außer Kraft gesetzt.

Satire überrascht und empört? Die Bonner »Realsatire« setzte keinem Mitbürger ein Lichtlein auf, so dass er staunend die Augen aufrisse und »aha« riefe. Statt dessen sagte der: Na und? So isses doch.

Satire entlarvt durch Übertreibung? Übertreibe mal einer Helmut Kohl. Selbst parodieren konnte man ihn nur wortgetreu. Besser verzerren ließ der Kanzler sich nicht, als wenn er prahlte: »Wir haben eine Niederlage errungen.«

Satire setzt durch Pointen, durch die Negierung des Negativen, pädagogische Prozesse in Gang? Nicht in Bonn. Dort war »Realsatire« Ausdruck des politischen Stillstandes schlechthin. Was immer geschehen mochte, nichts folgte daraus. Dabei negierte Helmut Kohl nichts so nachdrücklich wie das Negative. »Herr Bundeskanzler, wie sehen Sie den Zustand der Union?« – »Vom Zustand der Union kann keine Rede sein.«

Das war aber ein Irrtum. Je länger der Kanzler in der politischen Landschaft herumfuhrwerkte, desto ungeduldiger wurden Kohls Kritiker in den eigenen Reihen. Zwar starb sein nimmermüder Quälgeist Franz Josef Strauß im Oktober 1988, aber inzwischen waren andere Unruhestifter aufgetaucht – allen voran sein Generalsekretär Heiner Geißler und der baden-württembergische Ministerpräsident Lothar Späth.

Dass der »mit dem Dolch im Gewande« bereitstehe, um Kohl den Garaus zu machen, hatte Strauß vor seinem Tode noch in einem vertraulichen Gespräch dem DDR-Unterhändler Alexander Schalck-Golodkowski gesteckt. Wenn Kohl nicht »eine prinzipielle Wende in seinem Arbeitsstil« durchsetze, werde ihm die Fraktion nicht mehr folgen und auch nicht mehr Niedersachsens Ministerpräsident Ernst Albrecht: »Das wäre das Ende des Bundeskanzlers.«

In der Presse geisterte das Wort von der »Kanzlerdämmerung« herum, realistisch nicht zuletzt auch deshalb, weil die Sozialdemokraten mit dem Saarländer Oskar Lafontaine erstmals einen jungen, dynamischen und volkstümlichen Gegenkandidaten aufboten; Konrad Adenauers Enkel erwuchs Konkurrenz durch den Lieblingsenkel Willy Brandts.

Kein Wunder also, dass der Kanzler und CDU-Chef vor dem

Bremer Parteitag im September 1989 mit allen Mitteln um seinen Machterhalt kämpfte. Er wusste, dass seine Gegner einen Putsch planten. Deshalb spendierte er für kleine CDU-Landesverbände neue Computer, die aus der Kohl'schen Schwarzkasse bezahlt wurden. Dem ungarischen Ministerpräsidenten Miklós Nemeth sowie dessen Außenminister und späteren Nachfolger Gyula Horn, die die Stacheldrahtgrenze zu Österreich öffnen und damit das Ende des Ostblocks einläuten wollten, legte er bei einem Treffen am 25. August 1989 nahe: »Wie wäre es, wenn Sie diesen bedeutsamen Akt auf den 11. oder 12. September legen? Die Nachricht würde ich gerne auf unserem Parteitag in Bremen dem Plenum zur Kenntnis bringen, das würde mir sehr nützlich sein.«

So geschah es. Und es war einmal mehr Helmut Kohl, der sich durchsetzte, als auf dem CDU-Parteitag in Bremen die Stunde der Wahrheit schlug. Mit eisiger Konsequenz hatte er schon vorher Heiner Geißler entmachtet und die halbherzige Rebellion der Parteiliberalen um Lothar Späth ausmanövriert – spätestens bei der Wahl zum Parteipräsidium in Bremen erkannte der die Folgen.

Der kalte Schweiß glitzerte dem Stuttgarter auf der Stirn, und fast flehend suchte er in der ihn umdrängenden Runde nach Signalen der Bestätigung und der Zuneigung, als das Ergebnis bekannt wurde: Nur 357 von 780 Delegierten hatten für ihn gestimmt. Lothar Späths Augen irrten von seinen empörten Gefolgsleuten zum gierigen Pulk der Journalisten, die unbarmherzig ihre Mikrofone vor sein fahles Gesicht schoben. Gell, bettelten seine Blicke, das Lotharle ist doch trotzdem lieb? Oder?

Unsynchronisiert plätscherten ihm derweil aus lippenlosem Mund Floskeln, die zum Standardrepertoire eines guten Verlierers gehören. Das ist Demokratie, nicht wahr, der Parteitag hat gesprochen, und wer gewinnen will, muss auch verlieren können – »so ist das Läb'n«. Er redete, redete, redete. Eine gute halbe Stunde blieb er hocken inmitten des hektischen Getümmels. Über ihm, mit schnellem Blick registrierte es Späth, betrieb der Sieger Helmut Kohl, scheinbar unberührt, seine Parteitagsgeschäfte weiter.

Lothar Späth lächelte schmal und versicherte seinen Mitverschwörern, die zu gemurmelten Artigkeiten herandrängten, es sei alles in Ordnung. Norbert Blüm, Ernst Albrecht, Kurt Biedenkopf zwängten sich durch den Belagerungsring der Journalisten, Rita Süssmuth hatte sich neben ihn gesetzt, tätschelte seinen Arm, mehr Krankenschwester als Kampfgefährtin. Ihr traute er, nur ihr und Heiner Geißler. Den anderen mochte er kaum in die Augen sehen – er hasste die triefenden Blicke, die schmalzigen Betroffenheitssprüche.

Zwei Tage später – als das Presse-Echo von der »Abstrafung« in Bremen eintraf – kasperte Späth schon wieder in der Weser-Halle herum, als hätte es den gescheiterten Putschversuch nie gegeben. Die Delegierten staunten.

Nichts erinnerte nach nur 36 Stunden an jenen graubleichen Verlierer Lothar Späth, dessen Bild ihnen aus den Tageszeitungen auf ihren Tischen entgegenstarrte und die Stimmung vermieste. Schließlich schien es den dramatischen Symbolgehalt der ganzen Veranstaltung zu transportieren: Wer gegen Kanzler Helmut Kohl aufmuckt, der wird niedergemacht.

Triumphierend kehrten sowohl Kohl als auch Schäuble im September 1989 von Bremen nach Bonn zurück. Der Kanzler war gegen die zagenden Putschisten erfolgreich geblieben. Schäuble hatte bei der Wahl zum Parteivorstand das zweitbeste Ergebnis erhalten.

Im Innenministerium wurde registriert, dass Wolfgang Schäuble seither mit verändertem Selbstbewusstsein auftrat. Plötzlich war er einer, »der sich nicht mehr auf brüchigem Eis vortastete, sondern ein Mann, der sich der Trümpfe in der Hand bewusst geworden war«, schreiben seine Biografen Werner Filmer und Heribert Schwan.

Aber die Rangfolge blieb klar. Nie wäre Kohl, dessen politische Energien sich nicht zuletzt aus einer physischen Masse speisen, auf die Idee gekommen, den aggressiven, schnell denkenden, aber körperlich kleinen Schäuble als einen wirklichen Rivalen zu betrachten. Auf politischer Ebene akzeptierte der Ältere den Jungen, der Große den Kleinen als gleichberechtigt, intellektuell wohl sogar als überlegen. Aber Chef war Helmut Kohl, ohne Wenn und Aber.

1989
Die Geschichte eilt zu Hilfe

Wer weiß, wie oft sich Helmut Kohl inzwischen ausgemalt haben mag, dass er selbst, der Kanzler – anstelle des ihm verhassten SPD-Bürgermeisters Walter Momper mit dem roten Schal – am Abend des 9. November 1989 in Berlin die Landsleute »von drüben« empfangen hätte mit den Worten: »Die Deutschen sind das glücklichste Volk der Welt.«

Oder dass er wenigstens an diesem Abend im Deutschen Bundestag in Bonn hätte mitsingen können, als die drei Unionsabgeordneten Ernst Hinsken, Franz Sauter und Hermann Josef Unland das Deutschlandlied sangen und Abgeordnete aller Parteien einstimmten, weil in Berlin die Mauer gefallen war.

Statt dessen saß Helmut Kohl in Warschau, »zur falschen Zeit am falschen Ort«, wie er bitter erkannte. Er hat sich das lange nicht verziehen.

Jedenfalls klang der Bundeskanzler, als er eine Woche später in Bonn vor dem Deutschen Bundestag über den 9. November als einen jener »geschichtlichen Augenblicke« redete, »in denen das Eis im Frühjahrssturm aufbricht«, wie einer, der sich zu den Verlierern zählte. Nahezu unbewegt sprach Helmut Kohl von »bewegenden Ereignissen«, unfroh über »Freude und Genugtuung«, ganz und gar unfeierlich über das »Fest des Wiedersehens, der Zusammengehörigkeit und der Einheit«. Bis zur Tonlosigkeit abgeflacht klang seine Stimme, in der eine Woche zuvor ein Pathos vibriert hatte, als wäre jeder Satz dem Text der Nationalhymne entliehen.

»Die ganze Welt schaut heute auf die Deutschen«, las Helmut Kohl vom Blatt. Er wirkte, als wäre es ihm peinlich, dabei mit in den Blick zu geraten.

Das Unglück, von den »historischen Ereignissen«, die über Nacht »das Gesicht Deutschlands und Europas verändert haben«, in Warschau überrascht worden zu sein, nagte an ihm. Gewiss, er hatte den offiziellen Besuch für einen Tag unterbrochen und war nach Berlin gereist. Aber das war auch ein total missglücktes Unternehmen. Denn was hatte es ihm schon eingetragen außer Pfiffen und Buhrufen vom »linken Pöbel« am Schöneberger Rathaus?

Einsam und wie in sich selbst verkrochen saß Kohl nach seiner Rede auf der Bank im Bundestag. Willy Brandt, der sich geradezu liebevoll dem entrückten Kanzler zuwendete, sagte, ihm hätten die Pfiffe in Berlin auch nicht gefallen, »aber Pöbel war das nicht«.

Da pumpte sich Helmut Kohl in seinem Sitz auf, lachte verächtlich und schickte seine flatternden Blicke schräg nach oben ins Ungefähre. Es war das einzige Mal an diesem Morgen, dass er an jene aufgebläht pompöse Kanzlerfigur erinnerte, die er in Polen und in Berlin vorgeführt hatte – ein fast groteskes Bild der Überforderung.

Genauso trotzig und hochgeplustert hatte Kohl von den Stufen des Schöneberger Rathauses herab gegen eine pfeifende Menge angesungen, Mund und Stimme so schief nach oben verzerrt wie den Blick. Und da, wohin er ins Weite blickte, musste irgendwo die Geschichte sein, auf deren Sonnenseite Helmut Kohl seinen mächtigen Schatten werfen wollte. Lachhaft wirkte dieser monströse Auftritt und furchterregend zugleich.

Er missriet ihm so erbärmlich aus Enttäuschung. Mehr noch als für die große Masse der Deutschen, die alle bewegt waren an diesem Tag, musste Helmut Kohl, der Mann der Gefühle und Symbole, Kanzler der Bundesrepublik obendrein, »diese schicksalhafte Stunde der Weltpolitik« als ganz persönlichen Anruf der Geschichte empfinden. Denn für den studierten Historiker Kohl ist die Geschichte eine Art Gefährtin, eine mystisch raunende Schicksalsgestalt, die lehrt, straft und beschenkt – wie eben am 9. November 1989. Und er, als Staatsmann und politischer Gestalter, fühlte sich aufgerufen, ihr mit symbolhaften Ritualen und Inszenierungen gerecht zu werden.

Leider war er nicht zu Hause, als die Weltgeschichte ihn brauchte.

Nun hallte Helmut Kohl höhnisch Gorbatschows Satz nach: »Wer zu spät kommt, den bestraft das Leben.« Am Fernseher hatte er den gehört, am 7. Oktober, als er sich gerade vom Krankenbett aufgerappelt hatte.

Die Wahrheit ist, dass Helmut Kohl weder körperlich noch seelisch gut auf die größte Chance seines Lebens vorbereitet war. Er hatte eine Prostata-Operation hinter sich und war nach den Anstrengungen des Bremer Parteitages ohnehin ausgelaugt. Dass sich im Osten bedeutsame, womöglich chaotische Entwicklungen anzubahnen begannen, erfüllte ihn eher mit Besorgnis als mit Genugtuung, wenn er auch in Bremen die Grenzöffnung der Ungarn für DDR-Flüchtlinge genüsslich verkündet hatte.

Störungen und abrupte Veränderungen irritieren Helmut Kohl immer. Er begegnet ihnen abwartend. Sein ganzes Leben bis zu diesem Zeitpunkt zeigt ihn als einen Mann, der eher glättet und dämpft, als Veränderungen zu ermutigen. Auf den französischen Präsidenten François Mitterrand wirkte der Bundeskanzler in diesen Tagen, »als habe er ein schweres Examen zu bestehen«.

Im Nachhinein wird Helmut Kohl nicht müde, immer aufs Neue zu wiederholen, dass er stets mit der Wiedervereinigung gerechnet habe. »Ich habe« – sagt er –, »seit ich mich politisch bewege, das heißt, seit meiner ersten Wahlversammlung, die war als Oberprimaner 1949 bei der Bundestagswahl, nie daran gezweifelt, ich habe nie etwas anderes gesagt, es war immer meine Überzeugung, dass die deutsche Teilung nicht bleibt, weil ich eben immer der Meinung war: Wenn man ein Volk teilt – und sich selber nicht aufgibt, das ist die Voraussetzung -, ist es so, als wenn Sie einen Korpus auseinanderschneiden.«

Das mag sein. Nur war Helmut Kohl weit davon entfernt zu glauben, dass er selbst diesen Tag erleben werde, womöglich gar im Kanzleramt. Und so hatte er, unbeirrt von den zunehmenden Zeichen der Auflösung in der DDR – Erich Honecker trat zurück, eine Million Menschen demonstrierten am 4. November auf dem Berliner Alexanderplatz – die Vorbereitungen für seine lange geplante Polen-Reise fortgesetzt.

Am Abend des 9. November, beim Bankett des Ministerpräsidenten Tadeus Mazowiecki, wurde der deutsche Bundeskanzler in Warschau dann nicht nur bröckchenweise mit Informationen über die Öffnung der Mauer versorgt, sondern, wie er sich erinnert, auch von der Tatsache unterrichtet, dass im Bonner Bundestag »in einem spontanen Bekenntnis zur Einheit der Nation das Deutschlandlied gesungen worden sei«. Kohl ergriffen: »Ich wollte immer noch nicht glauben, was mir da gesagt wurde.« Beim anschließenden Gespräch mit Journalisten bewegte den Symbol- und Harmoniemenschen Kohl das gemeinsame Absingen der Nationalhymne fast so heftig wie der Anlass.

Entsprechend aufgeladen, von pathetischen Absichten federnd beschwingt, als summe in ihm unablässig das »Lied der Deutschen«, düste Kohl dann nach Berlin. Die Reise war beschwerlich. Des Kanzlers »Luftwaffen«-Maschine wurde über Schweden nach Hamburg geleitet. Dort stellten die Amerikaner dem deutschen Regierungschef einen Airforce-Jet zum Flug durch den Luftkorridor zur Verfügung. Im Flugzeug schrieb er seine Rede nieder, die er, im Gang stehend, sich selbst vorlas – kein Zweifel, Helmut Kohl war, allen Widrigkeiten zum Trotz, bereit für die historische Stunde.

Wie groß müssen dann Wut und Kränkung gewesen sein, als ihm, der nach Walter Momper, Hans-Dietrich Genscher und Willy Brandt vor das Mikrofon auf die Treppe des Schöneberger Rathauses trat, keiner zuhören wollte. »Schändlich«, murmelte er noch tags darauf, als er von Bonn zurück an die Weichsel flog. Von weit her fegte seine große Hand wegwerfend durch die Luft: »Das war doch alles bestellt.«

Entsprechend disponierte er seine Erinnerungen um.

Was in Helmut Kohls Leben stattgefunden hat und was nicht, bestimmt immer noch er selbst. Einen Tag nach den missglückten Auftritten – eine Kohl-Kundgebung seiner CDU an der Gedächtniskirche ignorierten die Fernsehgesellschaften – war sein zentrales Berlin-Erlebnis ein spontaner Abstecher zum Checkpoint Charlie, »da war ich doch vor allem«. Plötzlich leuchtete der Kanzler wieder: diese Stimmung dort, »so positiv«, ein Geschiebe wie im Stadion nach einem Länderspiel. Nein, mehr noch, so erzählte er es seinem Freund François Mitterrand am Telefon: »Wie auf den Champs-Elysées am 14. Juli.«

Die Begeisterung des Franzosen hielt sich in Grenzen. Nach seiner Polenreise erfuhr Helmut Kohl nun allzu bald, wie tief auch bei den befreundeten Nachbarn im Westen die Ängste vor einem vereinten Deutschland mit 80 Millionen Menschen saßen. Mitterrand hielt es plötzlich nicht für ausgeschlossen, »dass man in die Vorstellungswelt von 1913 zurückfalle« – eine britisch-französischrussische Allianz als Gegengewicht. Auch Margret Thatcher, entdeckte der Bundeskanzler, habe es nicht in den Sinn gehen wollen, dass Deutschland – nach zwei verlorenen Weltkriegen – am Ende dieses Jahrhunderts » ›als der große Gewinner‹ dastehe«. »Es war nicht so, dass man dafür war«, erzählte Kohl später: »Die meisten waren schon für die deutsche Einheit, aber zu einem späteren Zeitpunkt. Wenn Sie mich fragen, dann war damals George Bush dafür, der kanadische Premierminister Mulroney war dafür und in Europa ohne Wenn und Aber nur einer: Felipe Gonzalez. Das war ein Grund unserer Freundschaft: Er hat mich nie in dieser schwierigen Zeit sitzenlassen.«

Während also der Kanzler zögerte, wie es seine Art ist, drängten ihn seine Mitarbeiter, nicht den Anschluss an die rasante Entwicklung in der DDR zu verlieren. Willy Brandt und Hans-Dietrich Genscher, auch Kurt Biedenkopf, Lothar Späth und Theo Waigel reisten durch die DDR und hamsterten Sympathien, während der Kanzler sich von Gorbatschow und den Verbündeten beargwöhnen lassen musste. Dabei sprachen ihm die Montagsdemonstranten von Leipzig aus dem Herzen, die von »Wir sind das Volk« auf »Wir sind EIN Volk« umformulierten. Doch Kohl war skeptisch. Zehn Jahre werde der Einigungsprozess dauern, glaubte er.

Um aber nicht ganz ins Hintertreffen zu geraten, formulierte er – unterstützt von seiner Frau Hannelore und zwei Geistlichen, den Brüdern Fritz und Erich Ramstetter – in seinem Haus in Ludwigshafen ein vorsichtiges und vages Zehn Punkte-Programm zur deutschen Einheit. Hannelore Kohl tippte es auf der Reiseschreibmaschine ab, so geheim sollte es bleiben. Am 28. November 1989 trug er es im Deutschen Bundestag vor.

Die Wiedervereinigung war ein Thema, bei dem Helmut Kohl auf seine Frau hörte. Die in Berlin geborene und in Leipzig aufgewachsene Kanzlergattin hatte ihren Mann schon in den 70er-Jahren zu Familienreisen hinter den eisernen Vorhang bewegen können. Als dann die Vereinigung da war, sagte sie: »Das sind die Augenblicke, die nur durch die Politik möglich sind, bei denen dann das Herz vor Freude doppelt so schnell schlägt.«

Zunächst einmal kam das Echo auf das Kohl'sche Geheimpapier. In Deutschland war es »überwältigend«, in Europa wirkten »die Zehn

Punkte wie ein Schock«, erinnerte sich Kohl: »In den Medien geistert jetzt das Gespenst von einem heraufziehenden ›Vierten Reich‹ herum.« Besonders ergrimmt zeigte sich Michail Gorbatschow, der Kohl vorwarf: »Er meint zu glauben, dass seine Musik gespielt wird – Marschmusik.« Für ihn war klar, dass Kohl vor allem Wahlvorteile im Sinn habe, nicht den Ernst der historischen Situation.

Das war nicht ganz falsch. Noch immer lavierte Helmut Kohl, der es zwar genoss, plötzlich auf internationaler Bühne eine Hauptrolle zu spielen, im Grunde aber seinen Text noch suchte. Denn Kohl ist ein Instinktpolitiker, der erst Witterung für den Lauf der Dinge aufnehmen muss, bevor er »vernünftig« – sein Lieblingswort – handelt, das heißt im Sinne seiner eigenen Interessen.

Dieser Augenblick kam am frühen Morgen des 19. Dezember 1989, als Helmut Kohl in Dresden landete, um mit dem DDR-Ministerpräsidenten Hans Modrow zu verhandeln. Auf den Dächern und überall an den Fenstern der Flughafengebäude drängten sich Menschen, die dem Bonner Kanzler begeistert zuwinkten, mit schwarzrotgoldenen Fahnen ohne DDR-Emblem, auch mit grünweißen Sachsen-Flaggen.

Helmut Kohl war überwältigt. »Ein Schlüsselerlebnis«, nannte er fortan diesen Empfang, »einen Wendepunkt schlechthin«. Auf der Bordtreppe drehte er sich zu seinem Amtschef Rudolf Seiters um und sagte: »Rudi, die Sache ist gelaufen.« Von diesem Augenblick an handelte Helmut Kohl mit einer zugleich kühlen und leidenschaftlichen Zielstrebigkeit, wie sie den vielen hundert mitgereisten Journalisten bisher an ihm nicht aufgefallen war.

Am Abend hielt Kohl die – wie er selbst einräumt – »wohl schwierigste Rede« seines Lebens. Umweht von schwarzrotgoldenen Flaggen, jubelten ihm vor der malerischen Ruine der Frauenkirche 100000 Ostdeutsche zu. »Deutschland einig Vaterland« hallte es aus einer euphorischen Menge zu »Helmut, Helmut« empor.

In dieser brisanten Situation am Rande der politischen Hysterie, die mit jedem falschen Wort hätte explodieren können, agierte der Kanzler so klar und sicher wie nie vorher und nachher in seiner Laufbahn. Er hielt die Balance zwischen Mahnung und Versprechen, erinnerte an die Ängste Europas vor einem wiedervereinigten Deutschland und wollte doch, sagte er später, dass »eine

Botschaft rüberkommen sollte an die Welt«, die zuschaut. Und diese Botschaft sei auch verstanden worden: »Nicht nur Freiheit, sondern Freiheit und einig Vaterland.«

Hektisch schwangen die schwarzrotgoldenen Fahnen ohne Emblem der abgehalfterten Arbeiter-und-Bauern-Macht. Das symbolträchtig durchlöcherte Banner »Deutschland, einig Vaterland« spannte sich noch höher und herausfordernder hinter dem Spalier der uniformierten Volkspolizisten.

Ein inbrünstiger Massenchor griff den Text auf. Die seit 1971 parteiamtlich unterdrückte Zeile der DDR-Hymne, zackig und zornig skandiert, begleitete Helmut Kohl durch seine Rede. Und so mäßigend und warnend für seine Verhältnisse Kohl auch sprach, bei allen nationalen Lassoworten, mit denen die Union seit Jahrzehnten die Masse emotional einzufangen versuchte, bei jeder Erwähnung von »Freiheit«, »Einheit« und »Nation« dröhnten die »Deutschland«-Sprechchöre über den Platz, flatterten die Fahnen hoch.

Sie mochten DAS Volk gewesen sein gegen ihre verhassten SED-Oberen, jetzt wollten sie EIN Volk sein mit den Landsleuten dieses Kanzlers aus dem Westen. »Gemeinsam«, rief Kohl beschwörend, »werden wir den Weg in die Zukunft schaffen.« »Deutschland, Deutschland, Deutschland«, hallte es zurück.

In Wahrheit hatte der CDU-Chef Helmut Kohl mit dieser Rede auch schon die ersten freien Wahlen zur Volkskammer gewonnen, deren Vorbereitungen gerade begannen. Am 18. März 1990 holte sich seine CDU 40,9 Prozent der Stimmen. Die vorher favorisierten Sozialdemokraten, deren Spitzenmann Oskar Lafontaine die Einheit nicht wollte, landeten bei kümmerlichen 21,9 Prozent. Hans Modrows SED-Nachfolgepartei PDS kam auf 16,3 Prozent. Der Wahlkampf war im Bonner Stil geführt worden.

Vergebens hatte sich der preußisch-pflichtbewusste DDR-Ministerpräsident Hans Modrow am Abend des ersten Kohl-Besuchstages gewünscht, seine neuen politischen Partner möchten mehr durch Arbeit helfen bei ihren DDR-Besuchen, als Wahlkampfauftritte absolvieren. Sie waren überall. Eberhard Diepgen in Weimar, Norbert Blüm, Kurt Biedenkopf und Rita Süssmuth in Leipzig, wie auch CSU-Generalsekretär Erwin Huber und Hans-Dietrich Genscher für seine FDP. Björn Engholm trat in

Ostberlin auf, Willy Brandt und Gerhard Schröder gingen nach Magdeburg. Alle wollten angeblich nur lernen, aber alle heizten die emotionsgeladene Einheitsdiskussion an.

Zwar irrte die grüne Abgeordnete Antje Vollmer, wenn sie in der »taz« behauptete, CDU und SPD zwängen durch das Tempo, das sie in dieser Frage einschlügen, »den Menschen in der DDR schon jetzt die Frage der Wiedervereinigung als zentrales Wahlkampfthema auf«. Denn dessen bedurfte es nicht. Die Westdeutschen waren nicht viel mehr als Verstärker der Sprechchöre von Leipzig, Dresden, Rostock oder Cottbus. Wahr scheint freilich, dass die Christdemokraten die Volksmeinung so ausfilterten und kanalisierten, bis sie durch ein in der Bundesrepublik nur allzu vertrautes Raster auf die Straße zurückschallte: Freiheit statt Sozialismus.

Das lief fast von selbst. Helmut Kohl musste in Dresden nicht verbal gegen Sozis und Marxisten vom Leder ziehen wie der an seiner Seite kaspernde Norbert Blüm, dem der Sozialismus so antiquiert vorkam wie Nippes auf dem Vertiko seiner Oma. Die Leute verstanden den Kanzler auch ohne Worte. »SED – das tut weh«, riefen sie, »Helmut Kohl – das tut wohl.«

»Wiedervereinigung« war das Losungswort, das die Automatik »Freiheit statt Sozialismus« in Gang setzte. Der westdeutsche Kanzler, der im »Keine Experimente«-Klima der Adenauer-Republik seine politische Prägung erfahren hatte, und die vom real existierenden DDR-Stalinismus drangsalierten Ostdeutschen, denen weitere »sozialistische Experimente« zuwider waren, fanden sich zu einer fast religiös getönten Glaubensgemeinschaft zusammen: Rot bleibt rot. Kommunisten sind für Kohl immer »rotlackierte Faschisten«. Keine Chance für Sozialdemokraten.

Als dann ein paar Monate später, am 3. Oktober 1990, die deutsche Einheit in Berlin feierlich vollzogen wurde, standen die SPD-Oberen wie Zaungäste dabei. Nur Willy Brandt blickte ähnlich statuarisch entrückt von den Stufen des Reichstages herab auf ein Lebenswerk wie Helmut Kohl.

Der habe ihn, sagt Kohl später, »an diesem Punkt weit mehr unterstützt als seine eigene Partei. Das wird verschwiegen, aber es ist die Wahrheit.«

Eine andere Wahrheit ist, dass es neben dem »Kanzler der deutschen Einheit« noch einen Mann gab, der sich den Ehrentitel »Architekt der deutschen Einheit« hart erarbeitet hatte – Wolfgang Schäuble. Der wirkte nach dem Mauerfall am 9. November weitaus weniger verunsichert als sein Chef. Nach Schäubles eigener Darstellung war er es, der den zögerlichen Kanzler vor seiner Dresden-Reise zum DDR-Ministerpräsidenten Hans Modrow zu klaren Entscheidungen drängte. Er legte dem zaudernden Chef auch die Vereinigung von West- und Ost-CDU nahe. In »Gino's Pizzeria« neben dem Bonner CDU-Parteihaus redete Schäuble, gemeinsam mit dem hessischen CDU-Chef Walter Wallmann und Kanzleramtschef Rudolf Seiters, einen ganzen Abend lang auf Kohl ein. Schäuble: »Ich vertrete meine Ansicht, dass an der Basis der Mitgliedschaft die Ost-CDU auch nach über vierzig Jahren der Teilung unserer West-CDU strukturell sehr ähnlich geblieben ist.«

Wolfgang Schäuble war rastlos in diesen Tagen und Wochen. Mit der Regierung in Ost-Berlin handelte er den Vertrag über die Währungsunion und den Einigungsvertrag aus. Er ließ dabei keinen Zweifel an seinem Durchsetzungswillen: »Wer will denn hier beitreten, die oder wir?«

Der Kanzler gab Schäuble völlige Gestaltungsfreiheit, ließ sich nur laufend unterrichten. »Kohl imponierte die Art, in der der Jüngere die Verhandlungsmasse durch die Fährnisse der Einheit steuerte«, schreibt der Kohl-Biograf Klaus Dreher: »Der 48-jährige war ein blendender Taktiker, außerdem ließ er Kohl nie merken, dass er ihn zuweilen steuerte, drängte und voranschob, wenn der Kanzler zögerte.«

In diesen Monaten wuchs Schäuble zum zentralen Macher der inneren Einheit heran. Er selbst erinnert sich: »Zu den zahlreichen Besprechungen in kleinen Koalitionsrunden werde auch ich vom Kanzler zugezogen – vielleicht weniger als Innenminister, sondern als jemand, den Kohl gern mit dabeihat, wenn es in der Koalition um wirtschafts- oder finanzpolitische Fragen geht.«

Noch immer redete Schäuble Helmut Kohl mit »Herr Bundeskanzler« an, während der ihn duzte. Am 1. Oktober 1990 aber fühlte sich der drahtige Einheits-Macher angemessen gewürdigt: Die Delegierten des CDU-Bundesparteitages von Hamburg brachten Schäuble als Architekten des Einigungsvertrages Ovationen dar. Jetzt verfügte er über eine eigene politische Autorität.

Zwei Tage später, vor dem Reichstag in Berlin, wurde dann wieder Helmut Kohl gefeiert. Ihm galten jetzt – anders als am Tag des Mauerdurchbruchs – die Huldigungen. »Helmut, Helmut« brüllten seine Fans. Er nahm die Ovationen so unbewegt entgegen, als sei er im Überschwang der Gefühle zu einer von innen erleuchteten Säule erstarrt. Unbesiegbar wirkte er da, ein selbstbetoniertes Deutsches Eck. Glockenläuten, Fackeln und Fahnen, krachende Feuerwerksböller und jubelnde Hymnenklänge verschmolzen mit dem großen Kanzler, seinen großen Worten und Gesten und den Massen zu einem Gesamtkunstwerk von wilhelminischem Schwulst.

Hatten die SPD-Oberen da auch schon die Dezemberwahl verloren gegeben? Hatten sie akzeptiert, dass Helmut Kohl, Historiker mit schwärmerischer Bewunderung für Sozialdemokraten, die lange tot sind, sich anschickte, der SPD die stolzesten Parteitraditionen zu entwenden? Genau dorthin, wo um Mitternacht mit vor Aufregung mahlenden Kiefern 14 junge Sportler aus deutschen Gebieten, die bis dahin »Hüben« und »Drüben« hießen, in die mond- und raketenhelle Nacht das schwarzrotgoldene Tuch von 60 Quadratmetern Größe am Mast hochhievten, hatte am 9. November 1918 auch der SPD-Führer Philipp Scheidemann geblickt und die erste deutsche Republik ausgerufen: »Das deutsche Volk hat auf der ganzen Linie gesiegt. Das alte Morsche ist zusammengebrochen.«

Und nun hatte er gesiegt, Helmut Kohl aus Oggersheim – auf der ganzen Linie. Reden durfte er hier nicht, das hatten die regierenden Sozis in Ost- und Westberlin verhindert. Aber das nahm ihm nun die Menge ab, die unten rief: »Die DDR, die ist nicht mehr.« Stolz befand da der Kanzler, so viele Menschen hätten sich seit 1918 nie mehr hier versammelt. Der SPD-Kanzlerkandidat Oskar Lafontaine, der sich, von feindseligem Gemurmel begleitet, bis in die Nähe des Kanzlers und seines Ehrenvorsitzenden Willy Brand gedrängt hatte, kam sich vor, als sei er in einen grotesken Film geraten: Helmut Kohl, Superstar.

Der schickte wieder seine flatternden Blicke schräg nach oben ins Ungefähre, wie ein knappes Jahr zuvor auf der Treppe des Rathauses Schöneberg. Nur lächelte er diesmal verzückt und nicht verächtlich. Und das »Lied der Deutschen« sangen alle mit.

1990
»Kanzler der Einheit« – ein »neuer« Kohl?

Wir Deutschen. Ein Volk. Unsere Nation. Kulturelles Erbe. Einheit unseres Vaterlandes. Last der Geschichte. Historische Chance. Ganz Deutschland. Schwer und hallend, als würden seine Sätze und Parolen von der Freiheitsglocke in die Welt gewummert, breitete Helmut Kohl seine Politik vor dem Parlament aus. Eine Regierungserklärung? Eher war es die Proklamation eines immerwährenden Tages der Einheit, mit der der Kanzler am 4. Oktober 1990 die erste Sitzung des gesamtdeutschen Parlaments im Berliner Reichstag lähmte.

Zu gern hätte Konrad Elmer, Sozialdemokrat aus Berlins Ostteil, an Helmut Kohl eine Zwischenfrage gestellt. Aber schickte sich das? Der gravitätische Mann unter dem blitzblanken neuen Bundesadler dröhnte 35-mal »Deutschland« ins Plenum, hob seine Rede 39-mal mit den beschwörenden Worten »deutsch« oder »Deutsche« auf nationale Rekordhöhen – und Elmer, der Neue aus dem Osten, sollte mit einer Frage nach den Folgen des rituellen westlichen Antikommunismus dazwischenfahren?

Elmer, Mitbegründer der Ost-SPD, ließ sich, wie nahezu alle anderen Abgeordneten der Opposition, vom vaterländischen Kanzler in einen Festakt bannen, in dem Kontroversen und Konflikte unangebracht erschienen wären.

Thronend auf einem Hügel aus patriotischem Wortmüll, verlängerte Helmut Kohl ja nicht nur die Wiedervereinigungsfestivitäten; er gab auch ungestört und ungeniert den Grundton für den Bundestagswahlkampf an. Vom Parteitag der CDU in Hamburg über die Gründungsfeiern der erweiterten Republik auf der Freitreppe des Reichstages bis zur ersten Sitzung des neuen Parlaments versuchten Helmut Kohl und seine Christenunion, »unser vereintes Vaterland« wie ihr Parteieigentum zu besetzen.

Der spätere Ministerpräsident Wolfgang Clement, der für die

SPD die Verhandlungen über den Einigungsvertrag begleitete, trägt Wolfgang Schäuble bis heute nach, dass der auch diese schicksalhaften Gespräche stets unter Wahlaspekten geführt hatte.

All diese Bemühungen wurden am 12. Oktober, knapp zwei Wochen nach den Berliner Einheitsfeiern, brutal beendet. Ein geistesgestörter Mann schoss Schäuble unmittelbar nach einer Wahlversammlung in der Nähe seines Wohnorts Gengenbach mit mehreren Schüssen nieder. Den Rest seines Lebens wird Schäuble mit Querschnittslähmung an den Rollstuhl gefesselt bleiben.

Für die Familie Schäuble wurde in der Nacht der Operation klar, dass Helmut Kohls Freundschaft zu seinem Getreuen nicht so innig sein konnte, wie er mit seinen erschütterten Worten von der »furchtbaren Heimsuchung« vorgab. Die ganze Nacht bangte die Familie vor der Intensivstation, während im Radio stündlich gemeldet wurde, der Bundeskanzler halte sich auf dem Laufenden. Als aber Schäubles Bruder Thomas morgens um sieben im Kanzleramt anrief, wurde er schnöde abgewimmelt.

Das ungleiche Verhältnis zwischen den beiden Männern blieb bestehen, es änderte sich nach dem Anschlag allerdings die Form. Kohl schlüpfte nun gegenüber Schäuble, dem er gelegentlich schon »badische Hinterfotzigkeit« bescheinigt hatte, in die Rolle des väterlichen Beschützers. Natürlich war auch das eine Variante jener subtilen Abhängigkeit, in die Kohl alle versetzt, die er in seiner Nähe duldet.

Schäuble, der sich bis zum Attentat gegen allzu große Vereinnahmung zu wehren gewusst hatte, mobilisierte nun die letzten Reste seiner Kräfte, um seine Eigenständigkeit zu behaupten. Nur einen Monat später saßen die »SPIEGEL«-Redakteure Dirk Koch und Klaus Wirtgen am Krankenbett des Schwerbehinderten. Mit ihrer Hilfe schrieb er, wie vor den Schüssen vereinbart, seinen Anteil am Zustandekommen der deutschen Einheit in einem Buch nieder.

Gleichwohl war der vom Schicksal geschlagene Mann berührt von Kohls Bemühungen um ihn. Kohl habe das »ohne jeden Eigennutz« getan, »einfach aus seinem Gefühl und seiner Betroffenheit heraus«, sagte Schäuble damals. Zunächst hatte sich Schäuble, wie seine Frau erzählte, ein Leben im Rollstuhl gar nicht vorstellen können: »Warum habt ihr mich nicht sterben lassen?« Jetzt bezog er aus den ermunternden Reden des Kanzlers, der ihn plötzlich öffentlich seinen Freund und Nachfolger nannte, eine Art Ersatz-Lebenssinn.

Kohl schenkte Schäuble im Krankenhaus eine Biographie des früheren US-Präsidenten Franklin Roosevelt, der ebenfalls zeitweilig an den Rollstuhl gefesselt gewesen war. Die wichtigsten Stellen hatte er unterstrichen, zum Beispiel, dass dem Präsidenten seine Behinderung infolge einer Kinderlähmung durchaus auch politische Vorteile gebracht habe. Es habe ihn, markierte Kohl, »zu gelassenem Denken in längerfristigen Perspektiven« gezwungen und ihm eine »unangreifbare Entschuldigung« geboten, »dort nicht zu erscheinen, wo er es politisch für inopportun hielt«. Vor allem aber: »Sein tapferer Kampf brachte ihm eine Welle von Mitleid und Sympathie entgegen.«

Kaum verhüllt trug Kohl dem Rekonvaleszenten Schäuble an, sein Nachfolger zu werden. Damit hätte der eine weitere, entscheidende Stufe der Emanzipation erreicht. Nicht, dass Kohl – 1,93 Meter groß, um die 150 Kilogramm schwer – seinen blessierten Freund Schäuble – knapp 1,70 Meter groß, 65 Kilo schwer und dazu noch im Rollstuhl – wirklich als Gleichrangigen betrachtet hätte. Vermutlich hat er nie daran geglaubt, dass der ihm wirklich den Rang streitig machen könnte. Und doch hatte Kohl mit seinen unterstrichenen Roosevelt-Zitaten den Mann im Rollstuhl zum ernsthaften Rivalen hochstilisiert.

Der Machtkampf war entbrannt, bevor Schäuble nach Bonn zurückkehrte. Unermüdlich bedrängte der Kanzler den geschundenen Schäuble weiter. Kohl brauchte seinen Freund als CDU/CSU-Fraktionsvorsitzenden. Kohl schreckte vor keinem Trick zurück: Er spielte gegenüber Schäuble sogar mit dem Gedanken, selbst aus der Politik auszusteigen.

Fürsorge? Erst Jahre später sprach Schäuble aus, was er damals empfunden hatte: Druck, wenn nicht gar Nötigung. Kohl sei »gern der Paterfamilias«, sagte Schäuble. Gewiss, er »sorge für die Seinen«. Das bedeute aber auch, »dass sie es alle so machen müssen, wie er es will«.

Schäuble machte es aber, wie er selbst es wollte. Er brauche noch

Zeit, sagte er. Vor allem aber beharrte er darauf, die Kontrolle über seine Karriereplanung zu behalten. Also bat er, den Wechsel auf den Fraktionsvorsitz zwar vorzubereiten, aber noch nicht zu vollziehen. 13 Monate nach dem Attentat amtierte er noch als Innenminister, so wie er es geplant hatte.

Dass der Kanzler dann am 2. Dezember 1990, bei den ersten gesamtdeutschen Wahlen, wiedergewählt wurde, verstand sich nahezu von selbst. Weniger die Prozentzahl – 43,8 – als die Menge der Direktmandate für die Union und das Ausmaß der SPD-Niederlage – 33,5 Prozent – charakterisierten das Ergebnis als persönlichen Triumph für Helmut Kohl. Oskar Lafontaine, der Ministerpräsident des Saarlandes und sozialdemokratische Herausforderer, hatte keine Chance. Seine Warnung vor Kohls leichtfertigen Versprechen »blühender Landschaften im Osten«, die der Kanzler aus dem reichen Westen aus der Westentasche zu finanzieren versprach, drang nicht einmal bei den eigenen Genossen durch.

In gerade mal einem Jahr hatte Helmut Kohl erneut die Situation gewendet. Vom sicheren Verlierer, einer Art Lachnummer der Nation, war er zum Staatsmann gereift und zur Figur für das Geschichtsbuch geworden: zum »Kanzler der Einheit«.

Die Bilder von den Verhandlungen im Kaukasus mit Michael Gorbatschow, die Strickjacke, die der mächtige Kanzler trug, als Russen und Deutsche den historischen Durchbruch mit einer Art Familienausflug beendeten, lagern längst im Museum. Aber das Staunen ist noch immer frisch:

Was war aus dem ewigen Zauderer Kohl geworden? Dem notorischen Aussitzer, den sein Männerfreund Franz Josef Strauß nicht müde wurde zu verhöhnen?

Es haben sich bis heute manche von ihrer beweihräuchernden Verwunderung nicht lösen können darüber, wie schnell, risikofreudig und doch umsichtig Helmut Kohl damals gehandelt habe – ein Staatsmann plötzlich von Format und Fortüne, ein eiskalt kalkulierender Machthaber, der durch sein sicheres Gefühl für Timing besticht. Also doch ein anderer Kohl?

Der Kanzler kann solche Einschätzungen nur mit Kopfschütteln und »einer gewissen Ironie« betrachten. »Ich habe mich ja nicht verändert«, behauptet er, »ich bin im Prinzip natürlich der gleiche geblieben.« Älter, das sicherlich, gewitzter auch, aber »ob ich weiser geworden bin, da habe ich meine Zweifel«. Tatsächlich haben ihn die Ereignisse und Erfolge sichtlich gelassener und selbstsicherer gemacht bei öffentlichen Auftritten.

Aber verändert? In Wahrheit hatte gerade der plötzliche historische Erdrutsch, das tektonische Beben, das zwei im jahrzehntelangen Kalten Krieg aneinandergefrorene feindliche Blöcke aufbrach und den östlichen zerrieb, eindrucksvoll vorgeführt, wie stabil und unerschütterlich Person und Lebenswelt des Helmut Kohl sind. Seine typischen Merkmale haben in einer radikal veränderten Situation lediglich einen anderen Stellenwert bekommen.

Immer hat Kohl zu handeln gewusst, wenn es um seine Machtposition ging. Selten aber ist er sich seines emotionalen Umfeldes so sicher gewesen wie in der Zeit nach Dresden. Plötzlich erschienen die Texte seiner Sonntagsreden, die Träume seiner Jugendzeit und die Bilder der Wirklichkeit identisch, während sich die Welt in atemberaubendem Tempo wandelte.

Unter neuer Beleuchtung wirkte auf einmal positiv, was bisher als Nachteil galt. Dass er phantasiearm ist, schützte den Kanzler jetzt vor Ängsten über den ungewissen Ausgang seines Tuns. Er ließ sich auch keine einreden: »Wenn ich alle, die hätten gefragt werden wollen, gefragt hätte und alle Bedenkenträger, vor allem auch im Westen Deutschlands, gefragt hätte, dann wäre die deutsche Einheit nicht zustande gekommen, dessen bin ich ganz sicher.«

Ein Mann einsamer Entschlüsse, der sich notorisch die Welt schönredet? Genau das machte Kohl handlungsfähig angesichts düsterer und, wie inzwischen jeder sieht, berechtigter Warnungen. Denn wahr ist wohl, dass der Kanzler seine eigenen Versprechungen über »blühende Landschaften« in den neuen Ländern, die Selbstheilungskräfte des Marktes, die Stärke der Deutschen Mark und die Tüchtigkeit der deutschen Menschen wenigstens bis zu einem gewissen Grade selbst geglaubt hat.

Dass sie darüber hinaus wahltaktisch kalkuliert waren, versteht sich. Wer möchte überdies daran zweifeln, dass Kohls fast animalischer Instinkt für Macht und sein Gespür für ihren Zerfall – sonst als Basis seiner Stärke in der Partei eher bespöttelt – dem Kanzler beim Handel mit Moskau eine Hilfe waren? Und dass er stets versucht, Politik auf ein persönliches, fast privates Vertrauensverhältnis zwischen den Regierenden zu reduzieren, mag provinziell sein, gewiss. Aber während der weltpolitischen Turbulenzen bewährte sich Kohls Maxime: Je unübersichtlicher die Lage, je vielfältiger die Informationen, desto wichtiger die Verlässlichkeit der Informanten.

Vor allem aber fühlte sich der Kanzler von der Geschichte bestätigt, die der Historiker Kohl weniger als Ergebnis menschlichen Handelns in der Zeit begreift, denn als mythische Schicksalsgestalt, der die Menschheit unentrinnbar ausgeliefert ist. Der arme Zeitgenosse kann unter ihr Rad geraten, sich – »mit ehernen Lettern« – in ihr Buch eintragen, ihren Auftrag erfüllen, ihre Last tragen.

So eindringlich der Kanzler von diesem Allegoriewesen raunt, so hilflos gerät er ins Stottern, wenn er – wie einmal vor Offizieren der Bundeswehr – jene oft beschworenen Konsequenzen aus der deutschen Vergangenheit beschreiben soll. Kohl: »Zur Kontinuität der Geschichte gehört auch, dass wir wissen, dass wir ohne eigene Mitte, ich will das mal so nennen, im Verhältnis zu unserer Geschichte keine Zukunft haben werden.«

Ehe Kohl mit Gorbatschow zur Sache kommen konnte, musste er jedoch eine dumme Sache ausräumen, die er sich eingehandelt hatte, als er »Gorbi« mit Goebbels verglich. Es widerfuhr ihm nicht zum ersten Mal, dass es Proteste, Erläuterungen und wochenlange politische Auseinandersetzungen gab um »Missverständnisse«, sobald er sich spontan zur jüngeren deutschen Historie äußerte. Die Unsäglichkeit hat sich längst zu Stichworten verdichtet: »Gnade der späten Geburt«, Bitburg, Waldheim. Sie reicht bis zu dem aufmunternden Vergleich zwischen dem im KZ ermordeten Dietrich Bonhoeffer, der »trotz seiner verzweifelten Lage auf die Zukunft setzte«, und deutschen Bankern, die ihm zu ängstlich investierten. »Was im Konzentrationslager Flossenbürg möglich war, müsste heute auf einem Bankentag oder anderswo auch möglich sein«, fand er. Helmut Kohls frischer, frommer und freier Umgang mit der Nazizeit verstörte im In- und Ausland immer wieder.

Es mag nun aber zu den Aufregungen um Kohls kühnen Umgang mit Beispielen aus der Historie beitragen, dass der Kanzler sie gar nicht so zynisch empfindet, wie sie sind. Denn es gehört zum Wesen seiner bornierten Unschuld, dass Helmut Kohl sich keineswegs auf zwei Erkenntnisebenen bewegt, sondern sich unerschütterlich im Besitz einer »eigenen Mitte« weiß. Er kann einfach nicht über die jüngere deutsche Vergangenheit reden, ohne dass ihm »die eigene Erfahrung hochkommt, der eigene Lebensweg«.

Der hat in der Hohenzollernstraße 89, im Ludwigshafener Stadtteil Friesenheim, begonnen. Das war »ein typischer kleiner Beamtenhaushalt wie Millionen andere«, erzählt Kohl in dem Buch »Mein Elternhaus«.

Als drittes und letztes Kind von Cäcilie Elisabeth und Hans Kohl kam Helmut Joseph Michael am 3. April 1930 zur Welt. Es ist die Privatheit der Familie, ein nur scheinbar staatsferner Tugendkatalog (sauber, ordentlich, anständig), aus der Helmut Kohl seine – und nahezu aller »guten« Deutschen – Unschuld für die Gräuel der Vergangenheit ableitet. »Gerade in diesen Tagen«, sagte er 1984, »im Blick zurück auf die Ereignisse vor 50 Jahren beim Röhm-Putsch, wissen wir: Eine wirklich gelebte Familie mit all den Chancen, die darin liegen, ist ein Bollwerk gegen jede totalitäre Entwicklung des Staates.«

Natürlich weiß Helmut Kohl, dass sein Ludwigshafener Familien-Bollwerk weder die Nazis aufgehalten noch den Krieg verhindert hat. Authentisch ist deshalb vor allem die gedankliche und emotionale Undeutlichkeit, mit der im Hause Kohl wie in den meisten deutschen Familien nach dem Ende der Nazizeit die schmerzhafte Vergangenheit mehr beschwiegen als bewältigt worden ist. Eine vage Widersprüchlichkeit prägt bis heute das Geschichtsbild des Kanzlers, lässt ihn unstet pendeln zwischen »Schluss-Strich«- Forderungen und Unvergänglichkeits-Bekenntnis.

»Die deutsche Geschichte ist nicht nur gekennzeichnet durch Kontinuität, sondern auch durch tiefgreifende Brüche«, hat Kohl einmal in Berlin gesagt. Es ist die paradoxe Mischung aus Kontinuität und Bruch im historischen Milieu des elterlichen Hauses, der qualitative Bruch in der politischen Ordnung bei gleichzeitiger Kontinuität der meisten Institutionen, Werte und Begriffe, die Kohls Geschichtsbild so schillern lässt. Vor, während und nach

Hitler ging daheim, so der Kanzler, »die Orientierung keinen Augenblick verloren«.

Es war »ein typischer kleiner Beamtenhaushalt wie Millionen andere«, zitieren ihn seine Biographen Werner Filmer und Heribert Schwan. Die »Wertskala war eindeutig christlich«; »dass man national war, verstand sich von selbst«. Mit Stichworten wie Vaterland, Heimatliebe, Pflichtgefühl, »Stolz auf die kulturellen Leistungen ihres Volkes«, Gewissenhaftigkeit, Fleiß, Maßhalten umschreibt Kohl eine seit Kaisers Zeiten ungebrochene deutsche Bürgermentalität, die »den Staat« – welchen auch immer – gehorsam verinnerlicht. So selbstverständlich wie in der Nazirhetorik haben auch in den theoretischen Schriften des Deutschen Zentrums, der Partei des politischen Katholizismus, Begriffe wie »Autorität«, »Gehorsam«, »Führertum« und »Gemeinschaft« ihren Platz. Und an nationalistischem und wilhelminischem Getöse ist auch dort seit Beginn des Ersten Weltkriegs, in dem sich Vater Hans Kohl auszeichnet, kein Mangel.

Wie die Sozialdemokraten hatten auch die von Bismarck als »Reichsfeinde« bekämpften Zentrumsdeutschen ein starkes Nachholbedürfnis in nationaler Zuverlässigkeit.

Für Kohls Geschichtsverständnis aber ist allein entscheidend, dass sein Vater, ein Steuerbeamter, der Zentrum wählte, mit Hitlers Machtergreifung einen Zweiten Weltkrieg habe kommen sehen: »Und er fürchtete ihn. Und er verabscheute die Verbrechen, die im Zeichen des Rassismus und einer missverstandenen Deutschtümelei im Namen Deutschlands verübt wurden.«

Mit über fünfzig Jahren zog Vater Kohl noch einmal in den Krieg, den er fürchtete, und Sohn Helmut war 14 Jahre, als der 18-jährige Bruder Walter in den letzten Kriegsmonaten fiel. Sein Vater, der diesen durch und durch »unmilitärischen Typ« gegen dessen Wunsch zur Reserveoffizierslaufbahn überredet hatte, sei monatelang geschockt gewesen, unzugänglich für seine Umwelt.

Diese positive Identifikation mit seinem Vater hat den Kanzler bis heute davor bewahrt, sich selbst so konkret mit der »Geschichte in allen ihren Teilen auseinanderzusetzen«, wie er es von seinen Landsleuten verlangt. Kohl verkörpert vielmehr jenen Deutschen, über den Alexander und Margarete Mitscherlich geschrieben haben: »Eine völlige Entwertung aller bisherigen Ideale blieb ihm erspart und damit auch die Anstrengung, zu einer eindeutigen Neuorientierung zu gelangen.«

Die historische Welt der deutschen Tüchtigkeit und abendländischen Vielfalt, die der Kanzler aufmöbelnd preist, beeindruckt nicht durch intellektuelle Schärfe und klare Begriffe. Sie wirkt durch tiefe Empfindungen. »Hymne, Fahne, das Ja zum eigenen Vaterland« grundieren eine stabile Weltsicht, die sich immer aufs Neue an symbolträchtigen Orten festzusaugen pflegt.

Doch sind Kohls Antikriegsbekenntnisse und die Hoffnung auf Europa nicht minder intensiv und biographisch untermauert.

Selbst die kargen öffentlichen Erzählungen, in denen Helmut Kohl seine Schüler- und HJ-Zeit gegen Kriegsende beschreibt, lassen überaus gemischte Gefühle – aber gewiss sehr intensive – vermuten. Nach Kriegsende schlug er sich zusammen mit Gleichaltrigen in mehrwöchigem Fußmarsch von dem Wehrertüchtigungslager vor Hitlers »Alpenfestung« bis Ludwigshafen durch. Er wurde von ehemaligen polnischen Zwangsarbeitern verprügelt und von US-Soldaten zur Landarbeit gezwungen.

Abenteuerlust, Grauen, Angst, Tränen, Stolz – das alles gerinnt Helmut Kohl zu dem Satz: »Mit 14, als der Krieg zu Ende ging, war ich alt genug, um die Schrecken des Krieges zu erfassen.«

Andere in seinem Alter waren sensibel und verstört genug, um sich und ihre Eltern zu fragen, ob und wie auch die konservativen Tugenden des Gehorsams und der Pflichterfüllung, das ganze vaterländisch-bürgerliche Untertanenweltbild dazu beigetragen hätten, die Hitlerbarbarei zu ermöglichen.

Nicht Helmut Kohl.

Im Gegenteil, schon der 16-jährige Kohl, der der CDU beitrat, begehrte zwar kräftig gegen die Alten Herren in der Partei auf, nicht aber gegen ihr konservatives Weltbild. Mit dieser Haltung war er kein Außenseiter. Als Kohl 1958 seine Dissertation vorlegte – »Die politische Entwicklung in der Pfalz und das Wiedererstehen der Parteien nach 1945« -, staunte sein Doktorvater, Walther Peter Fuchs, wie sein Kandidat »die ideologischen Leitgedanken der einzelnen Führungsgruppen herausgearbeitet« habe. Fuchs fand, dass sie »trotz bitterer Erfahrungen überraschend viel altes Gedankengut aus der Weimarer Zeit, dem Vorkriegsdeutschland und dem Bismarckreich enthielten«.

Viel Neues ist nicht hinzugekommen. Weder Kohls Wende-Rhetorik im Bonn der 80er-Jahre noch sein »Geschichtsverständnis«, das den Vereinigungsbemühungen Richtung gab, sind von der damals verfestigten Ideologie zu trennen, in der die nahezu heilige Familie zugleich als Keimzelle und als Modell für den Staat herhalten muss. Das ist deutsch, abendländisch, christlich, frei – das historisch legitimierte »Gute« schlechthin. Alles, was diese Idylle stört, wird entweder geleugnet und verdrängt oder »dem Bösen« angelastet, und dazu gehören neben den Nazis »immer auch« die Kommunisten.

Im Geschichtsbild Helmut Kohls erreichen nur Adolf Hitler und seine obersten Gefolgsleute den Rang von dämonischen Verbrechern und Verkörperern des Bösen. Das Verhalten der mehr als acht Millionen Deutschen, die der Nazipartei angehörten, mag er nicht allzu forsch verurteilen. Schließlich hätten sie »einen hohen Preis gezahlt für Verführbarkeit und Begeisterung, für Anpassen oder Mitmachen«. Und ähnliches gilt für »die Roten«. Das Böse, das waren Stalin, Ulbricht und Mielke. Alle anderen sind entschuldigt.

Die Ostdeutschen hätten sich angepasst? Ihnen habe der Mut zum Widerspruch gefehlt? Sarkastisch bezweifelt Kohl, dass es in der Demokratie anders sei: »Das Maß an menschlicher Zivilcourage ist ja relativ begrenzt.« Die Verachtung klingt authentisch.

1992
Bilder statt Taten: symbolische Politik

»Groß, aber viel zu alt«, hatte der kraftstrotzende junge Christdemokrat Helmut Kohl 1949 gedacht, als er in Ludwigshafen zum ersten Mal seinem Idol Konrad Adenauer leibhaftig begegnete. Danach regierte der noch ein gutes Dutzend Jahre. Nach der Vereinigung blickten Kohls eigene Bewunderer mit ähnlich skeptischer Ehrfurcht auf ihn. Sie waren ihm ausgeliefert, er wußte es.

Am 1. Oktober 1992 feierte Helmut Kohl seinen zehnten Jahrestag im Kanzleramt. Hans-Dietrich Genscher war zuvor ausgeschieden, Kohl trauerte ihm nach. Manchmal fehlten ihm jetzt sogar Franz Josef Strauß und Margret Thatcher, Englands eiserne Lady, die ihn nicht mochte.

Er erlebte sich allein, ein einsamer Beweger Europas. Längst war der Kanzler daran gewöhnt, dass die CDU-Delegierten murrten, wenn sie vor den immer steiler und abweisender aufragenden Vorstandstribünen bei Parteitagen zu ihm hinaufblickten. Er hockte über ihnen, gewaltig und weit weg, die Projektion auf die Leinwand ließ ihn noch riesiger, noch unwirklicher erscheinen.

So empfanden es nicht wenige Parteifreunde des Kanzlers in Bonn. Bitter beklagten sie sich, dass »der Chef« kein Ohr mehr habe für die Sorgen und Nöte der Abgeordneten, die sich zu Hause in den Wahlkreisen ständig für die Politik der Regierung prügeln lassen müssten.

Darüber grummelten in der Union zwar alle, aber in seiner Umgebung sah Helmut Kohl nur nickende Köpfe, wenn er lospolterte. Er brüllte laut und bösartig. Nicht, dass er je für Kritik besonders empfänglich gewesen wäre. Er hatte schon immer schroff »Unfug« abgewinkt und »Querulanten« weggebissen. Aber im Nachhinein begann er die Zeiten zu verklären, da Gleichaltrige ihn wenigstens noch hin und wieder herauszufordern gewagt hatten.

Dennoch war die Sorge nur zum Teil berechtigt, der Kanzler

verliere die Bodenhaftung. Dass die Klagen von der Basis zu ihm durchdrangen, dafür sorgte Helmut Kohl. Wenn die Partei sich »ganz tief im Loch« fühlte, wenn »helles Entsetzen« herrschte und von »Alarmglocken« geredet wurde, dann bekam der misstrauische »Chef« das noch immer schneller mit als seine jungen Büchsenspanner im Kanzleramt.

Wahr ist jedoch auch, dass Helmut Kohl das inzwischen alles zu kennen glaubte. Pech? Pannen? Peinlichkeiten? »Selbstverstümmelungsdenken« nannte er das. Solche Miesmachereien hatten seine Regierung all die Jahre begleitet. Sie erinnerten ihn keineswegs an die selbstverschuldeten Skandale und Affären, die sie ausgelöst hatten, an Parteispenden und Flugbenzin, an Kießling und Bitburg: Sie gemahnten ihn vielmehr an die Ohne-mich-Kampagne der fünfziger Jahre.

Läppisch. Einer wie er stand darüber.

Stilisierte sich Kohl zum Ersatzkönig? Keine Frage, der Kanzler, der immer schon zu feudalen Rollenspielen neigte, hatte sich – umweht vom Mantel der Geschichte – monarchische Attitüden angewöhnt.

In den Jubeladressen zu seiner zehnjährigen Amtszeit, die durchaus nicht nur aus seiner traditionellen Gefolgschaft kamen, tauchte verdächtig oft die Kennzeichnung »Ära Kohl« für seine Regierungsdekade auf. Das dürfte ihm mächtig geschmeichelt haben, aber unwidersprochen konnte er diese Einschätzung nicht lassen. Nein, so denke er nicht, ließ er wissen. »Ära« – das sei ein historischer Begriff, und demütig im Amt, wie er sich sah, meidete er ihn: »Das muss man einer späteren Zeit überlassen, ob eine solche Amtszeit von zehn Jahren als eine Ära bezeichnet wird.«

Demut? Dementis dieser Art künden verlässlich von der Höhenlage, in der Helmut Kohl sich wahrnimmt und von seiner Umgebung gesehen wird. Als »einen der großen Politiker der Welt und den ersten Mann Europas« erlebt ihn heute der CDU-Ministerpräsident von Thüringen, Bernhard Vogel, der einst als Student mit dem Pfälzer bei Dolf Sternberger im Heidelberger Politikseminar gesessen hat. Und Andreas Fritzenkötter, der junge Presseassistent, den der Kanzler wie einen Sohn behandelt, betrachtet Helmut Kohl ergriffen als »den letzten Dinosaurier einer anderen Politikergeneration«.

Tatsächlich ragte er, einen Tag nach seiner Rückkehr vom Umweltgipfel in Rio im Juni 1992, in den Bonner CDU-Alltag hinein wie sein eigenes Denkmal. Erschöpfung und Erfolg verdichteten sich um ihn zu einer Aura weltpolitischer Bedeutung. Sein massiger Schädel wirkte verwittert zwischen den Bubigesichtern seiner beflissenen Kanzleramts- und Parteihelfer Friedrich Bohl und Peter Hintze.

Rio, das war – wie viele der häufigen Gipfeltreffen der Staats- und Regierungschefs – ein persönlicher Triumph gewesen für Helmut Kohl, ein neuer Beweis, dass der Biedermann aus Oggersheim, den einst alle verlacht hatten, jetzt zu den Größten unter den Großen der Welt gehörte, wenn er nicht gar der Allergrößte war.

Nach zehn Jahren im Amt, seines Ranges in der Geschichte sicher, spielte Helmut Kohl seine Hauptrolle auf internationaler Bühne mit Überzeugung und Resonanz. Er war der Duzfreund der Mächtigen. Alle suchten seinen Rat.

Als er in Rio eintraf, hatten bereits 50 bis 60 Staatsmänner um Gespräche mit dem deutschen Kanzler nachgesucht. Genießerisch fuhr sich Helmut Kohl jedes Mal mit der Zunge über die Lippen, wenn er für die Fotografen einen neuen Staatsgast aufs Blümchensofa in seiner Hotelsuite komplimentierte.

Lachte da einer? Längst waren die »Birne«-Witze verstummt. Hatte nicht die Geschichte persönlich alle Spötter dem Gespött preisgegeben? Nun also, da sich keiner mehr traute, machte der Kanzler die Witze über sich selber. Er sei ja, hatte er süffisant beim Wirtschaftsgipfel in München der Weltpresse erklärt, schon durch seinen Vaternamen daran gehindert, »einen -ismus zu begründen. Kohlismus kann man sich ja nicht gut vorstellen.«

Das ist natürlich Koketterie, aber nicht nur. Helmut Kohl sei einfach nicht der Mann, der sich von dem Weihrauch, der ihm in die Nase gewedelt wird, auf Dauer den Kopf vernebeln ließe, schreibt Klaus Dreher – als langjähriger Bürochef der »Süddeutschen Zeitung« in Bonn einer der besten Kanzlerkenner – in seiner 2000 erschienen Biographie des Pfälzers: »Eine Zeit lang fand er es angenehm, sich ehren und würdigen zu lassen, es schmeichelte ihm und legte Balsam auf die Wunden seines stets verletzlichen Selbstbewusstseins.« Aber noch sei sein Betätigungsdrang nicht gesättigt.

Mochten die Deutschen auch ihre Ruhe haben wollen, Helmut Kohl hatte weiter Großes mit ihnen vor. Wie Konrad Adenauer einst einer widerstrebenden Bevölkerung die Wiederbewaffnung aufnötigte, wollte sein selbsternannter Enkel jetzt seine Landsleute zu ihrem Europa-Glück zwingen.

Immer schon hätten sich des Kanzlers konzeptionelle Vorstellungen von Politik darauf beschränkt, die nächste Wahl zu gewinnen und den Deutschen Europa zu verkaufen, spottete ein CDU-Präside. Nach dem »Geschenk der Einheit«, schien beides dem Kanzler wichtiger denn je.

Diese neue Dringlichkeit kam aber nicht von ungefähr. Vielmehr musste Kohl schon in den ersten Tagen nach dem Fall der Mauer erkennen, dass nicht einmal die engsten europäischen Freunde den Deutschen das »Geschenk« der Einheit ganz ohne Bedingungen überlassen wollten. »Das Misstrauen gegen uns Deutsche« sei zurückgekehrt, sah der Kanzler, der sich beeilte, den Mitgliedern des Europäischen Rates in Paris am 18. November 1989 zu versichern, dass er »keinen nationalen Alleingang« vorhabe. Sein Schlüsselsatz, den er seither unermüdlich wiederholt, hieß: »Deutsche Einheit und europäische Einheit sind untrennbar, sind zwei Seiten derselben Medaille«. Angeblich hat er diese Devise von Konrad Adenauer übernommen. Die Folge war im Dezember 1991 der Vertrag von Maastricht.

Helmut Kohl musste sich nicht überwinden, die Vereinigung Europas als Auftrag der Geschichte zu akzeptieren. Nach dem knappen Ja der Franzosen zu den Verträgen von Maastricht sah er sich mehr denn je in der Pflicht. Dieser Kanzler grübelte nicht zuerst über Verfassungsmodelle, nach denen die »Vaterländer« des Kontinents vereinigt werden sollten; er zerbrach sich nicht allzu sehr den Kopf darüber, wie der bürokratische Zentralismus Brüssels demokratisch zu kontrollieren sei; ihn trieb nicht vorrangig die Frage um, wie der wirtschaftliche und technokratische Druck multinationaler Konzerne begrenzt, die Stabilität der Währungen gesichert werden könnte.

Für Helmut Kohl waren das alles Fragen zweiter Dringlichkeit im Vergleich zur »Gefährdung, die vom Nationalismus ausgeht«.

Dem gebürtigen Rheinpfälzer fallen zu Europa Vokabeln wie

»Gräberfelder« und »Unheil« ein, er erinnert sich an die Leichen, die er als Zwölfjähriger beim Schülerluftschutz nach mehr als 100 Bombenangriffen in seiner Heimatstadt Ludwigshafen ausbuddelte, und an die Passierscheine, die er als 18-jähriger Abiturient brauchte, um von der französischen in die amerikanische Besatzungszone über den Rhein zu kommen. Für ihn heißt Europa: Versöhnung über Gräbern.

Prompt steigen aus der Erinnerung die Bilder jener theatralischen Inszenierung auf, zu der sich 1984 der deutsche Kanzler und der französische Staatspräsident in Verdun den Kameras gestellt hatten: eisiger Wind, endlose Reihen weißer Kreuze, die in Regenschleiern verschwinden, Trommeln wirbeln, Trompeten schallen – plötzlich halten sich François Mitterrand und Helmut Kohl bei den Händen. Stumm stehen sie vor einem Katafalk, den die Trikolore und die schwarzrotgoldene Fahne schmücken, während die nationalen Hymnen getragen über den Gräbern verhallen. »Europa ist unser gemeinsames Vaterland«, erklären die beiden Staatsmänner dazu.

Politischer Kitsch? Ein symbolisches Signal? Geschichte als Design? Manipulation statt Aufklärung?

So aufdringlich und sentimental vielen die staatsmännische Sinnstiftungs-Show auch erschienen sein mag – persönlich und politisch war es den beiden ungleichen Europäern offenbar ernst gewesen mit ihrer Botschaft. Wie der inzwischen verstorbene Mitterrand glaubt auch Kohl, »dass die politische Einigung in Europa noch von derselben Generation erreicht werden muss, die eigene Erfahrung mit den verheerenden Folgen der Feindschaft in der ersten Hälfte dieses Jahrhunderts mitbringt«.

Verdun war beiden aus persönlichen Gründen als ein geeigneter Ort für ihren historischen Appell erschienen: Der Unteroffizier François Mitterrand wurde dort 1940 im Zweiten Weltkrieg verwundet und geriet auf der Höhe 304 in deutsche Gefangenschaft. Im Ersten Weltkrieg hatte dort der Fähnrich Hans Kohl im Schützengraben gelegen. Sein Sohn Helmut sagt: »Er ist dort dekoriert worden als Soldat. Als Kind war für mich Verdun aufgrund der Erzählung meines Vaters der Inbegriff des entsetzlichen Grauens.« Helmut Kohl war schon als Student zu den Gräbern von Verdun gereist, immer riefen sie in ihm die Erinnerung an den Vater wach: »Alles wird wieder ganz präsent.«

Das gefühlsgeladene, symbolträchtige Historienspektakel von Verdun ist nicht nur bis heute eine Art innerer Wegweiser für Kohls Politik. Die Veranstaltung offenbarte auch die wichtigsten Merkmale seines Stils, die Erfolgsgeheimnis und Hemmnis zugleich sind: sein gefühlsgesteuertes Denken, seine Neigung zur symbolischen Überhöhung und die Instrumentalisierung der Historie zu persönlichen und politischen Zwecken.

Nie nähert sich Helmut Kohl einem Problem oder Sachverhalt gedanklich oder analytisch. Immer reagiert er intensiv mit Gefühlen auf Menschen, Ereignisse, Stichworte, Themen und Daten. Sein emotionales Gedächtnis setzt Bilder und Szenen frei, ruft gespeicherte Eindrücke und Empfindungen zu Personen ab, liefert sprachlich vorgefertigte Versatzstücke, die sich assoziativ aneinander reihen. Den Zuhörern mögen sie oft nicht stimmig erscheinen, für Kohl schwingen sie emotional eindeutig auf derselben Welle.

Helmut Kohl denkt nicht in den Kategorien abstrakter Logik, sondern analog in Bildern. Und die schwimmen auf einem Meer von Gefühlen, das klare Konturen überspült und vermischt. So entstand die immer subjektive, aus Empfindungen gespeiste Welt des Kanzlers Kohl.

Um die nach außen sichtbar machen zu können, lädt er seine Handlungen mit nonverbalen Botschaften auf und findet, dass »die ja mehr sagen, als man mit Wörtern ausdrücken kann«. Nichts, was er tut, ist einfach nur, was es ist. Alles hat Bedeutung darüber hinaus, verweist auf Höheres oder Tieferes, ist vielsagende Geste oder Symbol.

Viel spricht dafür, dass Helmut Kohl die Welt auch so erlebt; ganz sicher aber ist, dass er dieses Erleben mit Vorsatz politisch nutzt. So hat sich seine »innere Leidenschaft« für Europa schon als Schüler gegen Grenzpfähle und Schlagbäume ausgetobt, wie er bis heute gern erzählt. Schon das war politisch kalkuliert, war Strategie mit Bildern.

Als Kanzler in der Mediendemokratie hat Kohl den Gebrauch von politischer Symbolik dann ziemlich systematisch bis über die Grenze vorbedachter Irreführung der Öffentlichkeit hinaus ausgeweitet. Herrschaftsbilder als Souveränitätsfiktion – was sonst sind polizeilich erzwungene Inszenierungen von Weltwirtschaftsgipfeln in den Gemäuern einer feudalen Vergangenheit mitten in einer modernen Großstadt wie München?

»Symbolische Politik ist eine kriegswirtschaftlich erdachte Strategie der Kommunikation gegen die Adressaten«, schreibt der sozialdemokratische Politologe Thomas Meyer, »sie höhlt politische Kultur von innen aus. Sie täuscht Partizipation vor, wo sie die verhindert. Sie entzieht sich dem Diskurs.«

So war es kein Wunder, dass die öffentliche Diskussion über die bevorstehende Währungsunion nirgends so kümmerlich ausfiel wie in der Bundesrepublik Deutschland. Dieser Kanzler, ausdrücklich einmal angetreten als Vorkämpfer nicht nur einer moralischen, sondern auch einer geistigen Wende, blieb seinen Bürgern Argumente schuldig.

Kohl misstraut der Öffentlichkeit. Der rationale und kontroverse Diskurs, wie ihn sein Lehrer Dolf Sternberger verstanden hat, ist ihm unheimlich. Ein »gesundbeterisches Dauergespräch« – so der Althistoriker Christian Meier – erstickt jede ernsthafte Diskussion im Ansatz. Seinem Historikerkollegen Hans-Ulrich Wehler fiel zur Beschreibung des Zustandes der Politik nur der Begriff »Gehirnleere« ein.

Wer erwartet und gehofft hatte, der Kanzler der deutschen Einheit würde nach dem Riesenerfolg, der ihm ja nicht nur in den Schoß gefallen war, einen Ansporn für neue innenpolitische Taten verspüren, wurde enttäuscht. Kohl appellierte zwar wie eh und je, aber er nahm sich keiner Sache mit Hingabe an, er bewirkte nichts, gab keine Anstöße und tat so, als könnten das die anderen machen.

Mit großer Geste erweckte Helmut Kohl zwar hin und wieder den Eindruck, als könne Politik noch handeln wie im 19. Jahrhundert, etwa die Zahl der Arbeitslosen halbieren. In Wahrheit aber dienten solche Sprüche nur der Beschwichtigung, sie schläferten jeden Lösungsansatz ein. Lethargie legte sich über das Land.

Wo er Zeichen setzte, deuteten sie zurück, vorzugsweise in die 50er-Jahre. Die Ernennung der braven und adretten Claudia Nolte aus der Ex-DDR zur Bundesministerin für Familie, Senioren, Frauen und Jugend war so ein symbolisches Signal: 1966 in

Rostock geboren, strebsam, erzkonservativ, katholisch, »wertestark dem Ganzen dienend«, so spottete die Publizistin Mechthild Jansen, verriet sie die Sehnsucht ihres Entdeckers Helmut Kohl nach einer heilen, kontrollierten, versorgten Welt. Für die Sozialwissenschaftlerin Jansen war »Das Claudia Nolte-Phänomen«, wie sie die beispiellose Karriere dieser politisch unbedarften Frau nannte, ein Beleg für Helmut Kohls »beinahe vollendete Symbiose von Macht und Konservatismus, in der die Seilschaft mit dem Inhalt der Politik zusammenfällt und im Familienlied besungen wird«.

Rein machttechnisch betrachtet war die Ernennung dieser anpassungsfähigen und leistungsfreudigen jungen Mutter aus dem Osten natürlich kein ungeschickter Schachzug. Darauf war bei Helmut Kohl Verlass: Wenn sich etwas zu regen schien, ging es um Wahlen. Der Kanzler, der in der alten Bundesrepublik als Mediendepp galt, wusste sich inzwischen erfolgreich des Fernsehens zu bedienen. Als er in den Meinungsumfragen Ende 1993 fast zehn Prozent hinter dem sozialdemokratischen Herausforderer Rudolf Scharping zurücklag, begann er sich in den Gesprächsshows der Privatsender als Dauertalker zu produzieren. »Zur Sache, Kanzler«? Von Sache keine Spur.

Bei der von Richard von Weizsäcker beklagten »Verwandlung der Politik in Unterhaltung« tat sich Helmut Kohl gleich dreifach hervor. Er förderte die kommerziellen Medien, schüchterte die öffentlich-rechtlichen Sender ein und tingelte höchstpersönlich durch die Wohnzimmer. Klaus Dreher hat ausgerechnet, dass er vor der Wahl 1994 auf diese Weise 25 bis 30 Millionen deutsche Bürger heimsuchte. Infotainment? Propaganda. Leo Kirch und der Springer-Konzern waren gern behilflich. Dass Kohl von unfreundlichen Fragen verschont blieb und immer im rechten Licht saß, dafür sorgte sein Kanzleramt. Er menschelte, wie es ihm seine PR-Berater nahe gelegt hatten. Denn nach all den Historienspektakeln und Jubiläumsfeiereien war er ihnen ein bisschen zu denkmalsähnlich geworden.

Bilder statt Argumente. Botschaften, nicht Rechtfertigung. Inszenierter Schein. Ein Varieté der Eindrücke. Helmut Kohl mochte noch immer kein Fernsehtyp sein, wie seine PR-Leute jammerten.

Das hinderte ihn aber nicht mehr, sein ganzes politisches Leben als eine ewig laufende Serienmischung aus Tagesschau und Seifenoper zu produzieren. Den Wählern gefiel das. Auch im Oktober 1994 gönnten sie dem CDU-Patriarchen noch einmal den Sieg. Der fiel aber mit nur 41,4 Prozent ziemlich kläglich aus.

Natürlich hat die Symbolik schon immer zu den objektiven Strukturmerkmalen der Politik gehört. Öffentlichkeitsstrategien und PR-Inszenierungen wurden und werden auch andernorts systematisch vom inhaltlichen Teil des Politikgeschäfts abgekoppelt. Bei Helmut Kohl verschwimmen überdies die Grenzen von Selbsttäuschung und Täuschung anderer – das hat in der Amtszeit dieses Kanzlers den politischen Diskurs nahezu erledigt. An dessen Stelle war die unterschwellige Manipulation der Ängste und Wünsche der »schweigenden Mehrheit« mit ihrem »gesunden Volksempfinden« getreten.

Dieser Politikstil machte Helmut Kohl zum »Amtsinhaber«, wie die Professoren Guy Kirsch und Klaus Mackscheidt jenen Politikertyp genannt haben, dessen Erfolg sich auf die Erwartung seiner Wähler gründet, »dass er ihnen in seiner politischen Analyse ein Bild der Realität anbietet, in dem alle beunruhigenden und angstmachenden Elemente fehlen.«

Amtsinhaber teilen alle psychosozialen Ängste ihrer Bürger. Ihr erstes Markenzeichen ist die »überdurchschnittliche Robustheit ihrer Abwehrmechanismen gegen das Eindringen all jener Schrecken und Verlockungen, die ihren Alltag bedrohen«. Das befähigt sie, ihre Mitbürger zu beruhigen, Gefahren zu verharmlosen, Zweifel zu zerstreuen, Optimismus zu verbreiten. »Weiter so, Deutschland« hieß die Beschwörungsformel des Amtsinhabers Helmut Kohl, »Wir, die Deutschen«, werden es schon richten.

Helmut Kohl hat immer gerne »wir« gesagt. »Wir« gegen »die« war stets seine Methode, die Welt zu sortieren. Irritierend wirkte dabei sein vereinnahmender Sprachgebrauch. Mal sprach Helmut Kohl als CDU, mal als Bundesregierung, mal als Deutschland – und je öfter er von sich im Plural redete, desto majestätischer klang diese Formel: »Wir haben das Steuer übernommen«, »wir haben die Zukunft im Blick«, »wir sind nicht den bequemen Weg gegangen«. Einst waren »wir« der freie Westen, jetzt sind »wir« ein

Wirtschaftsstandort, der Fußballweltmeister oder das christliche Abendland.

Helmut Kohl aber war und ist immer unser Besitzer. Possessiv- und Personalpronomen bilden die Betonungsschwerpunkte der Reden über diese seine Welt – eine Formel, die er zwar nicht mehr gebraucht, aber immer noch meint.

Je länger Helmut Kohl regierte und je unübersichtlicher, komplizierter und unbequemer die politische Lage wurde, desto ungenierter begann er, sich als eine Art Präsidenten-Pascha der Deutschen aufzuführen.

Je mehr sich unter dem »Kanzler der Einheit« die Parteien stritten, desto großmütiger versuchte sich Helmut der Große als eine Art Präsident der Vernunft über das Gezänk zu erheben. Und zugleich mit dem Volk darunter zu leiden. Das gilt bis heute. Im Stile Ronald Reagans, der das populistische Modell vom größten kleinen Mann im Weißen Haus erprobt hat, präsentierte sich Kohl als ein Kanzler, der vorgab, sich zur Not im Namen des Volkes über Parteien und Bürokraten, über Politiker und Parlamentarier hinwegzusetzen.

Ich da oben, wir da unten – Kanzler Kohl war mit sich als Bürger und Mensch voll solidarisch. Wie von selbst verstand sich zwar, dass Alltäglichkeiten wie Mieten und Preise, Arbeitsplätze und Renten nicht allzu deutlich zur Sprache kamen. Dafür teilte er aber die Verdrossenheit der Menschen im Lande mit »steinzeitlichen« und »stromlinienförmig eingepassten« Politikern und deren »liturgisch ausgefochtenen Ritualen« im Parlament.

1995
Er ist ein Berliner

Als am 8. Mai 1995 die letzten Würdenträger die Stufen mit dem roten Teppich hinabgeschritten und die gepanzerten Limousinen davongeglitten waren, blickte – abseits vom Getriebe – ein älterer Herr noch lange sinnend auf Schinkels Schauspielhaus am Berliner Gendarmenmarkt. Ernst Benda, 70, ehemaliger Vorsitzender des Bundesverfassungsgerichts, überließ sich seinen Erinnerungen: »Ich habe dieses Haus brennen sehen.«

Im Juli 1944, kurz vor dem gescheiterten Attentat auf Adolf Hitler, hatte der junge Soldat Benda für den letzten Tag seines Heimaturlaubs Theaterkarten erstanden. Trotz wiederholter Bombenangriffe war er mit seiner Mutter – auf mühsamem, stundenlangem Weg durch das zerschlagene Berlin – am Nachmittag am Gendarmenmarkt angekommen. Flammen schlugen aus Schinkels Säulenpracht. Ob es denn vielleicht am Abend doch noch eine Vorstellung geben werde, fragte der Soldat Benda einen Berliner Feuerwehrmann. Der befand: »Nie wieder wird da Theater gespielt.«

Gut ein halbes Jahrhundert später hatte Ernst Benda nun europäisches Staatstheater erlebt im Haus am Gendarmenmarkt, zum 50. Jahrestag der Niederlage Nazideutschlands waren Sieger und Besiegte von einst in Berlin zusammengekommen.

Der Deutsche, der die Staatsmänner der vier Siegermächte am Fuße der mächtigen Freitreppe begrüßte, war nicht, wie es protokollarisch korrekt gewesen wäre, Roman Herzog, der Bundespräsident. Der hatte gutwillig seinem Kanzler die Show überlassen. Und so empfing Helmut Kohl den russischen Ministerpräsidenten Viktor Tschernomyrdin, den amerikanischen Vizepräsidenten Al Gore, den britischen Regierungschef John Major und vor allem seinen Freund, den schon todbleichen französischen Staatspräsidenten François Mitterrand.

Für Helmut Kohl erfüllte sich ein Traum – hier in Berlin und an diesem Tag war er Deutschland. »Versöhnung« inszenierte er am liebsten.

In der Feierstunde sprach Roman Herzog. »Dieses Deutschland ist anders geworden, als es zu Zeiten des Kaiserreiches und der Weimarer Republik und erst recht unter dem Nationalsozialismus gewesen war«, sagte er. »Es hat in dieser Frage keine deutsche Revolution gegeben, aber ein fundamentales Umdenken. Totalitäre, ja auch nur autoritäre Ideen haben heute bei der erdrückenden Mehrheit der Deutschen keine Chance.«

Helmut Kohl hörte diese Sätze mit deutlich zur Schau gestelltem Wohlgefallen. Gern tat er so, als sei der intensive Prozess der Reflexion, des Streites, der Herausbildung einer kritischen Mentalität auch eine Frucht seiner Politik. Jedes Lob aus dem Ausland, das der Auseinandersetzung der Deutschen mit der eigenen Barbarei Respekt zollt, bezog er auf sich.

Schon deshalb musste er für Berlin als Hauptstadt des vereinten Deutschlands sein. Doch lange verbarg er es.

Dass es für Helmut Kohl »eine der glücklichsten Stunden« seines Lebens war, als er am 22. Dezember 1989, einem nasskalten, grauen Tag, durch das wiedergeöffnete Brandenburger Tor schritt, ergab sich aus dem Symbolgehalt der Situation. Die halbe Welt schaute zu, die alte Forderung war erfüllt: Macht das Tor auf.

Das mochte ein Weihnachtsgeschenk der Geschichte für die Deutschen sein, mit dem Kanzler und der alten Hauptstadt Berlin hatte das wenig zu tun – glaubten die Bonner. Wenn einer sich als rheinischer Fürsprecher gegen einen Wechsel des Regierungssitzes eignete, dann doch wohl der Pfälzer Helmut Kohl. Oder?

Am 20. Juni 1991 votierte der Kanzler im Deutschen Bundestag bei der Abstimmung über die künftige Hauptstadt für Berlin. Die Bonner fielen aus allen Wolken, denn Helmut Kohl hatte sich mit Kundgebungen seiner Sympathie in der Öffentlichkeit sehr zurückgehalten.

Und doch waren die Zeichen deutlich genug gewesen, am 2. Oktober 1990 zum Beispiel, dem Vorabend der offiziellen Vereinigung. Da stahl sich Helmut Kohl – gerade hatten sie mit Beethovens Ode an die Freude die DDR zu Grabe getragen – vors Portal des Schauspielhauses am Berliner Gendarmenmarkt. Allein stand er zwischen den wuchtigen Säulen Karl Friedrich Schinkels und blickte hinaus über die dunkle Stadt. Wie von ungefähr glitten seine Finger dabei liebevoll, ja zärtlich über das neoklassizistische Bauwerk.

Geschichte zum Anfassen. Erotik der Macht.

Wer den Bundeskanzler damals erlebt hatte, der konnte nicht mehr glauben, dass er in der Entscheidung um die künftige deutsche Hauptstadt für Bonn votieren würde. Tatsächlich bekannte er am Tag der Abstimmung im Bundestag: Ihm, Helmut Kohl – »der ich aus dem deutschen Südwesten stamme« –, sei natürlich schon »in jener unvergesslichen Nacht« klar gewesen, »dass ich für Berlin bin«.

Seither hat sich der Kanzler an der Spree nicht nur als »echter Berlinfan« geoutet. Er warb und wirbelte, als seien die Stadt und ihre Geschichte sein Privatbesitz. Mit der Attitüde eines Monarchen ließ er bauen, was ihm gefiel, und behinderte, was ihm nicht behagte: Kanzleramt ja, Holocaust-Monument so nicht. Neue Wache ja, Palast der Republik nein. Dafür vom Schloss wenigstens die Fassade.

Das »Wunder« des Mauerfalls und die Aussicht, als »Kanzler der Einheit« die Jahrtausendwende in der neuen alten Hauptstadt zu feiern, die er zur »Visitenkarte« seines Deutschlands gestalten kann, wie er es versteht, beflügelten die pompösen Phantasien des Pfälzers: »Die Vision Berlin wird jetzt Wirklichkeit, wenn wir nur wollen.«

Die Berliner staunten nicht schlecht, was ihnen der Mann vom Rhein alles zutraute und ausmalte. »Die besten Traditionen der Deutschen« sah er in ihnen verkörpert: Weltoffenheit, Solidarität und soziale Gerechtigkeit. Zum Symbol eines im besten Sinne modernen und kultivierten Deutschland könne Berlin werden, lockte er: »eine prosperierende Weltstadt«, »eine Stadt ohne Enge«.

Es faszinierte ihn, wie es voranging. »Eine einzige Baustelle, eine einzige Baustelle«, murmelte er 1995 entzückt, als er mit raumgreifenden Schritten Unter den Linden entlangschritt. Ein schräger Blick zum Denkmal des Alten Fritz empor, dessen Gebeinen er bei ihrer Überführung nach Potsdam Reverenz erwiesen hatte, weil der Preußenkönig »zum Auf und Ab des deutschen Volkes gehört«. Dann ging es im geraden Kurs auf das Kronprinzenpalais zu, wo ein paar Dutzend skeptische »Milliarden-Macher« (Bild) zu einer Hauptstadtkonferenz zusammengekommen waren.

»Ihr müsst Berlin lieben«, rüttelte Kohl die Bankiers und Konzernherren auf, »dann kriegt ihr den richtigen Zugang zu dieser Stadt.« Wie sehr er selbst ihn hat, blieb nicht ohne Eindruck auf seine Gesprächspartner. »Er trieb ihnen das Wasser in die Augen mit seinem Hauptstadtenthusiasmus«, frohlockte ein Kanzlermitarbeiter.

Es fällt nicht schwer, hinter den Weltstadt-Beschwörungen des Bundeskanzlers den Geist François Mitterrands zu erkennen. Tatsächlich hatte der den Deutschen kräftig ermuntert: Er werde ja wohl für Berlin entscheiden müssen, aus Gründen der politischen Erweiterung Europas, aber auch zum Zwecke nationaler Repräsentation. Kohl war beeindruckt. Er lernte: »Es ist eine Frage des Selbstbewusstseins eines Landes, welche Hauptstadt sie hat.«

Dem politischen und historischen Denken des Kanzlers kam solche Argumentation entgegen. Für Helmut Kohl ist Geschichte zu symbolischen Bildern geronnenes Geschehen. »Deswegen«, sagt er, »ist es so wichtig, dass neben dem, was amtliche Politik ausmacht, auch Symbole deutlich werden.«

Geschichte als geistiges Konstrukt. Mythen und Legenden, die sich um Monumente ranken – kein Ort in Deutschland ist geeigneter für subjektive Inszenierungen von Historie zu politischen Zwecken als Berlin. Und niemand ist geübter in dieser Kunst als Helmut Kohl, dem auch keiner mit gesellschaftlichen, kulturellen oder politischen Gegenentwürfen Konkurrenz gemacht hat.

Zunächst einmal wurde ihm die Stadt selbst zum Symbol. Der Bonner Kanzler hatte keine Schwierigkeit, das geschundene, sich neu formierende Berlin als Ganzes zu jener »Stätte der Selbstbesinnung und Selbsterkenntnis« zu stilisieren, für die ursprünglich einmal nur sein Deutsches Historisches Museum gedacht war. Das sollte im Spreebogen stehen. Exakt an jenem Ort, an dem – nach den Worten Helmut Kohls von 1985 – vor allem »die jüngeren Bürger unseres Landes« spüren sollten, »woher wir kommen, wer wir als Deutsche sind, wo wir stehen und wohin wir gehen werden«, ist sein neues Kanzleramt errichtet worden.

Kohl hatte mit dem Architekten Axel Schultes oft über den Bau und den Ort geredet. Nie schien er daran zu zweifeln, dass er selbst einmal in das neue Amt einziehen würde. Und nie ließ ihm Schultes die Illusion, dass, wer hier »Staat« baut, jemals die »Geschichtlichkeit des Ortes« ignorieren könnte.

Schultes hat hier noch als Kind in alten Schützengräben gebuddelt. Er weiß, dass die Nazialtlasten nicht Metaphern sind, sondern Realität. Mit wummernder Gewalt zerbröselten Pressluftbohrer und -hämmer an dieser Stelle die letzten »Germania«-Fundamente.

Schultes hat die historische Vorgabe direkt aufgenommen. Sein städtebauliches Konzept, der rigide Riegel von Amtsbauten, der sich – »berlinerisch hart« – neben dem Reichstag wie eine Spange über den Spreebogen legt, soll ausdrücklich auch ein symbolischer »Schluss-Strich« unter die gigantischen Pläne der Nazis sein. Er hat Speers Nord-Süd-Achse durchkreuzt, bewusst im Dissens gebaut. Darüber hinaus möchte er, sagt der Berliner Architekt, auf diese Weise Stadt und Regierungsviertel miteinander versöhnen.

Tatsächlich werden künftige Kanzler nie aus den Augen verlieren können, dass »Stadt Erinnerung ist«. Denn Schultes' Amt öffnet ihnen diagonal einen weiten Ausblick: Vom Reichstag schweift der Blick über das Brandenburger Tor und den russischen Soldaten am Ehrenmal der siegreichen Roten Armee bis zur Siegessäule mit den gülden blitzenden Kanonenrohren in Erinnerung an Preußens kriegerische Triumphe. Und dazwischen, soweit das Auge reicht, »vergifteter Boden« (Schultes).

Erinnerung und Wahrnehmung verschmelzen an dieser Stelle zu einer untrennbaren Einheit. Das sind Fluch und Chance des Zentrums von Berlin. Alles ist noch da, selbst wenn es zerbombt, gesprengt oder geschleift ist. Und alles ist zerstört, entkernt, verfälscht, selbst wenn es noch dasteht.

Leere tut sich auf zwischen Tiergarten und den ersten normalen Wohnvierteln. »Einzubetten« ist da nichts. Was hier einmal sein soll, muss sich neu entwickeln. Kann das gelingen? Was für eine Stadt, was für eine Republik kann auf diesem »vergifteten Boden« gedeihen?

Das war eine Situation so recht nach dem Geschmack Helmut Kohls. Er hatte die Pläne studiert, die Modelle besichtigt und dann das Gelände abgeschritten. Er wußte, was Hitlers Baumeister hier hinstellen wollten, kannte, was zu Bismarcks Zeiten hier stand. Solche Verflechtungen, eine bisweilen logisch wirre, doch intensiv emotionale Verknüpfung von Weltgeschichte und persönlichem Schicksal, waren Kohl immer geläufig.

Er schaffte und beanspruchte solche Geflechte, ohne sie im Detail auszudeuten. Der Fundus von Gefühlen war ihm wichtiger als die analytische Präzision. Nur allzu leicht, warnte er, gerate man sonst »in die ganzen Irrgärten der modernen deutschen Geschichte«. Und doch, wo fügten sich in der Erinnerung gespeicherte eigene Eindrücke und Erlebnisse mit dem Weltgeschehen plastischer zueinander als hier?

»Ich war bei Kriegsende 15 Jahre alt«, erzählt er, »konnte 1947 zum ersten Mal nach Berlin kommen und in den Folgejahren die Entwicklungen in Berlin selbst erleben, habe am Checkpoint Charlie gestanden und hinübergeblickt, habe die Mauer mit eigenen Augen gesehen.« Worte wie »Trümmerfrau« und »Rosinenbomber«, »Freiheitsglocke« und »Todesschüsse« sind für ihn Begriffe, die sich zu Bildern und Szenen von dramatischer Kraft verdichten.

So wie Helmut Kohl den Geist der Historie mit persönlichen Erlebnissen zu symbolischen Szenen auflädt, so erlebt er umgekehrt seinen Alltag gleichsam immer als geschichtsrelevant. Dass er sich nach dem ersten Spatenstich für das neue Kanzleramt zum Café Möhring begibt, um ein Stück Torte einzufahren, mag eine Lappalie sein. Es ist aber Kohls Form, die erlebten Bedeutsamkeiten im Amt mit den privaten Gewohnheiten zu verbinden.

Denn ins Café Möhring geht er schon seit Jahrzehnten. Für ihn sind solche privaten Exkursionen – in den Zoo, zum Italiener in Dahlem, auch mal in eine Kneipe in einer Nebenstraße des Ku'damm – Ausdruck seiner Faszination für diese Stadt, die nicht nur dem »Brennpunkt deutscher Teilung« galt.

Für den Provinzler Kohl war Berlin, auch ohne die »Chaoten-Hochburg Kreuzberg«, immer eine herausfordernd »schräge« Stadt. Doch entdeckte er auch Heimatqualitäten. Im engsten Kreis seiner Bonner Mitarbeiter hatte er im Spätsommer 1995 eine Dampferfahrt über die Märkischen Havelseen gemacht »und dabei die Seele baumeln lassen«, wie Berlins damaliger CDU-Fraktionschef Klaus Landowsky gerührt berichtete.

Helmut Kohl in der märkischen Abendsonne, freundliche Menschen, die ihm von ihren Booten zuwinken – ein Bild, wie mit dem Fettstift komponiert. Dem raubeinigen Politprofi Landowsky fiel nur das Wort »Friede« ein, wenn er sich zurückerinnerte.

Und als »der Chef« dann noch auf eine Molle in einem Biergarten aufkreuzte, wo sich Hunderte Berliner von den Stühlen erhoben, um dem Kanzler zu applaudieren – da war Helmut Kohl endgültig angekommen in Berlin. Mit einer Träne im Knopfloch.

Den Prozess der persönlichen Annäherung erweiterte er zügig zur politischen Inszenierung. Ungeniert nutzte Helmut Kohl seine Popularität, seine politische Stärke und sein Sendungsbewusstsein, um aus Berlin »eine Stadt zu machen, auf die auch die nächsten Generationen stolz sein können«, wie ein Vertrauter verriet.

»Leadership« heißt das sonst beim Kanzler, der sich aber hütete, ausgerechnet in Berlin ein »Führer« sein zu wollen. Doch ließen die Kohl-Vertrauten, geübt im vorausnickenden Einverständnis mit ihrem Idol, keinen Zweifel daran, dass der Kanzler Berlin »seine Handschrift« aufdrücken werde. »Nicht aus Eitelkeit«, versteht sich, »sondern weil er glaubt, dass viele Dinge sonst einfach zerredet werden und schief laufen«, wie einer sagte.

Der Streit um die Neue Wache Unter den Linden, jenes Schinkel-Denkmal, das Helmut Kohl mit einer vergrößerten Kollwitz-Skulptur bestückte und zur zentralen Gedenkstätte der Republik ernannte, erschien seinen Mannen als ein richtungweisendes Beispiel. Von Kritikern bespöttelt, gilt es der Mehrheit der Bürger inzwischen offenbar als gelungene Trauerstätte: Blumen werden abgelegt, Missbrauch und Skandal sind bis heute ausgeblieben.

Der Kanzler ließ sich darüber regelmäßig berichten. Jahrelang war er von jedem offiziellen Besuch in einem anderen Land zornig und – wie er sagt – »tief betroffen« zurückgekehrt nach Bonn, wo den Staatsgästen der Deutschen »unakzeptable« und »unwürdige« Kranzniederlegungen zugemutet wurden.

So heftig hatte dieser Makel an dem ritualpusseligen Kohl genagt, dass die Aussicht, er würde in Berlin mit der Neuen Wache endlich ein »zentrales Mahnmal zur Erinnerung an die Toten von Krieg und Gewaltherrschaft« bekommen, mit Sicherheit eine wichtige Rolle bei seiner Entscheidung in der Hauptstadtfrage spielte.

Beispielhaft wird in der Diskussion um das Mahnmal Kohls Methode erkennbar, Historie, politische Absicht und persönliches Erleben zum Symbol zu schmieden. Die Beschämung des Staatsmannes ergänzt er durch die Betroffenheit des Menschen Kohl. Er fühlte sich von der Neuen Wache ganz persönlich gemahnt, weil »das Schicksal meiner eigenen Familie – mein Bruder ist am Ende des Krieges gefallen – ja ein ganz ›normales‹ Schicksal einer deutschen Familie ist«.

Und da der Pfälzer ein Mensch ist, der sich Schmerz und Trauer nicht anders als naturalistisch-bildhaft ausgedrückt vorstellen kann, findet er das Erleben der Kohls eindringlich in der Skulptur »Mutter mit totem Sohn« von Käthe Kollwitz wieder.

Freilich ist damit nicht die Frage aus der Welt, die der Kunstkritiker Eduard Beaucamp 1993 in der »Frankfurter Allgemeinen Zeitung« aufgeworfen hat: »Darf ein Bundeskanzler wie ein Feudalherr über öffentliche Schauplätze verfügen und sie mit seinen Ideen besetzen und gestalten?«

Den Kanzler suchten keine Skrupel heim. Er griff weiter ein, wo er es für nötig hielt, in freier Entscheidung. Vor allem belegte er die Mitte Berlins mit seinen Wünschen: An der Stelle des Palastes der Republik mit der Volkskammer der DDR, dessen Bau- und Vorgeschichte, die zum Abriss des alten Hohenzollern-Palastes führte, er genau studiert hat, wollte Helmut Kohl die Fassade des alten Schlosses wiederhaben. »Was dahinter ist«, sagte ein Mitarbeiter, »ist ihm letztlich Wurscht.«

König Kohl. Unbehelligt von öffentlicher Kritik setzt der »Kanzler der Einheit« in der Geschichtslandschaft Berlin – ein Ensemble von Denkmälern und Ereignisorten von nationaler Bedeutung – besitzergreifend Akzente, als hätten wir den alten Kaiser Wilhelm wieder.

Wahr ist, dass Helmut Kohl mit seinen Initiativen in Leerräume stieß. Kein Parteipolitiker der Bonner Republik – mit der vom Kanzler geflissentlich übersehenen Ausnahme Richard von Weizsäcker – hat sich öffentlich mit Vorschlägen zur Gestaltung der Hauptstadt Berlin als Ausdruck eines neuen deutschen Selbstverständnisses zu Wort gemeldet. Von den Sozialdemokraten brauchte Kohl seit Willy Brandts Tod weder Einrede noch Anregung zu befürchten.

Wahr ist zudem, dass es schlimmer hätte sein können. Helmut Kohl ist weder Militarist noch Nationalist. »Der Sinnkrise über das Nationale aufzuhelfen, wie es Schäuble versucht, das ist mit dem Rheinpfälzer Kohl nicht zu machen«, glaubte der SPD-Abgeordnete Peter Conradi.

Mit seiner Herkunft aus der Provinz kokettierte Kohl inzwischen so lässig, als habe er »die Unschuld vom Lande«, wie der konservative Kulturhistoriker Karl Heinz Bohrer ihn zu verhöhnen pflegt, für immer abgestreift. Was freilich unter einer »Kultur-Metropole« Berlin à la Kohl zu verstehen wäre, blieb undeutlich. Vage sagte Kohl: »Die großen kulturellen Traditionen unseres Landes sollen sich hier in Berlin wiederfinden.«

Erst wenn es um die praktische finanzielle Förderung durch den Bund ging, wurde das Bild klarer: Die sollte sich vorerst auf 30 Millionen Mark für zwei Opernhäuser, das Deutsche Theater und das Schauspielhaus am Gendarmenmarkt beschränken. Des Kanzlers Kulturliste förderte nur das Repräsentative. Zweifel waren angebracht an Helmut Kohls Verständnis für die kulturelle Vielfalt einer sperrigen urbanen Szene. Zwar hatte er in der Vergangenheit viel hergemacht von seiner Begeisterung für die vitalen Spannungen zwischen gegensätzlichen und einander ergänzenden Elementen der Stadt. Nur pfeifen, brüllen und widersprechen durften sie nicht. Wer Feind ist, »Pöbel«, »Chaot« oder »Kommunist«, sollte nicht dazu gehören.

Helmut Kohl, der Hauptstadtfan, hat sich seinen Mauerblick bewahrt. Als das andere, das schrille, unaufgeräumte, bunte Berlin sich vor Christos silbrig verhülltem Reichstag tummelte und die Welt anzog, ging der Kanzler demonstrativ Torte essen am Ku'damm.

Kultur? Spaß? Vielfalt? »Ich verwechsle nicht Kunst und PR«, ließ er mürrisch wissen. Er habe der Verhüllung des Reichstages durch Christo und Jeanne-Claude nie zugestimmt, und er habe, sagte er, »auch nie Verständnis gehabt für die, die zugestimmt haben«. Und ganz leadershipmässig fügte er hinzu: »Punkt.«

1996–1998
Ein deutscher Patriarch kennt keinen Herbst

Dass ein Leben vorwärts gelebt wird und rückwärts verstanden, mag für den Philosophen Sören Kierkegaard eine wichtige Erkenntnis gewesen sein. Für Helmut Kohl gilt sie nicht.

Der hat schon immer dazu geneigt, seinen Blick auf ein Datum von symbolischer Bedeutung in der Zukunft zu richten und die Zeit bis dahin als Stufen eines historischen Countdowns zu betrachten. Als wäre das Leben ein Haus, dessen Plan er genau kennt und das er zur Stunde Null beziehen wird.

So ein Tag war der erste Januar des Jahres 2000. Kein Zeitpunkt ist dem Historiker Kohl je symbolträchtiger erschienen. Dieses Datum war seine Chiffre für Zukunft.

Nicht einmal 36 Jahre war der Mainzer Politiker alt, als er im März 1966 zum Landesvorsitzenden der rheinland-pfälzischen CDU gewählt wurde. Doch weil das für ihn eine Art Abschied von der Jugend gewesen sein muss, drückte er damals seinen Neid aus gegenüber den noch jüngeren Parteifreunden in der Rhein-Mosel-Halle von Koblenz: Stehe ihnen doch das Glück bevor, die Jahrtausendwende in voller Manneskraft erleben zu dürfen und so das heraufdämmernde Millennium mitgestalten zu können. Er hingegen, Helmut Kohl, sei dann schon alt und siech und aus dem Geschäft.

Doch als er, fast drei Jahrzehnte später und gerade zum vierten Mal zum Kanzler wiedergewählt, im Dezember 1994 vor den Delegierten des CDU-Parteitages in Bonn weitschweifig über die Zukunft sinnierte, ließ er erkennen, dass er sich – knapp fünf Jahre vor seinem Traumdatum – soviel älter als die anderen nun doch nicht fühlte. Siech und aus dem Geschäft war er schon gar nicht.

Im Gegenteil. Die damals und heute Jüngeren, die grau und müde neben ihm auf der Tribüne der Parteioberen hockten, waren ihm – von wenigen Ausnahmen abgesehen – nicht mal einen verächtlichen Blick wert. So fit wie die schritt »der Chef« noch allemal »mit kräftigen Schritten in die Zukunft aus«.

Jahrtausendwende. Das würde, wie er zu reden pflegte, nicht irgendein Jahreswechsel sein. Waren die Gröhes und Krawatzkis, die Eschers und Hintzes hinter und neben ihm überhaupt fähig, diese unerhörte Chance der Geschichte zu erkennen? Beginn des 21. Jahrhunderts. Und das in Berlin, mit Feuerwerk und zwischen neuklassizistischen Säulen: Helmut Kohl als zweiter Bismarck. Schwer denkbar, dass solche Bilder den Kanzler nicht als Versuchung anwandelten. Er hatte ja in der Vergangenheit bewiesen, dass er die Realitäten der Gegenwart seinen schwülstigen Symbolphantasien durchaus anzupassen fähig war.

Warum sollte er also von sich selbst abgesehen haben, als er dem Parteitag eindringlich die Perspektive 2000 klarzumachen versuchte? »Wenn wir, CDU und CSU, den Anspruch erheben, die politische Führung weit über das Jahr 1998 hinaus wahrzunehmen, dann haben wir uns damit ungewöhnlich viel vorgenommen«, sagte er.

Verstanden sie das unten im Saal? Oder galt es denen gar nicht? Musste er sich selbst Mut zusprechen? Fast wie ein Selbstgespräch klang es, als Kohl fortfuhr: »Das spricht sich in einer solchen Rede leicht aus, aber es ist eine gewaltige Herausforderung an jeden von uns, und ich finde, wir sollten uns darüber im klaren sein, dass wir dieses Ziel anstreben.«

Kohl Zweitausend? Breit und schwer lastete der Kanzler schon jetzt auf seiner Partei. Zeit schien nur noch symbolische Relevanz zu haben für diese raumfüllende Figur. Es war, als habe er immer schon oben gesessen und würde auch nie weichen. Alt? Sie nannten ihn schon »den Alten«, als er die Rentengrenze noch nicht erreicht hatte.

War er nicht wahrlich ein Monument der Verlässlichkeit und Standhaftigkeit »in einer flatterhaften Zeit«, wie Norbert Blüm schnulzte? Eine historische Markierung »in der Flüchtigkeit der Stunden«, wie er sich und sein Tun selbst zu beschreiben liebte?

Mit unüberhörbarer Genugtuung begrüßte der Kanzler seinen aus dem Amt des Bundespräsidenten geschiedenen Parteifreund, den »lieben Richard« von Weizsäcker. Besonders lieb war er ihm, weil – wie seine Höflinge hämten – »nach dem kein Hahn mehr kräht, seit er abgetreten ist«.

Und diesem Geschick sollte er sich selbst aussetzen? Freiwillig? Sollte er gar schon jetzt Wolfgang Schäuble Platz machen, um dem einen Anlauf zur Kanzler-Wahl zu ermöglichen? Der Mann im Rollstuhl war 13 Monate nach dem Attentat, am 25. November 1991, zum Vorsitzenden der Bundestagsfraktion gewählt worden. In Kohls Sicht begann damit Schäubles letzter »Härtetest« auf dem Weg zum Kanzler. Der hatte es aber nicht eilig. »Die Vorstellung, dieses Amt zu tragen«, meinte Schäuble, »ist ein Alptraum, kein Traum.« Der Fraktionschef Schäuble war nicht mehr in die Kabinettsdisziplin eingebunden, und er nutzte die Spielräume. Kohl spürte die latente Konkurrenz, sein Misstrauen wurde erkennbar.

Der Bundestagswahlkampf 1994 hatte den Kanzler erstmals unumwunden mit der Frage nach dem Ende seiner Amtszeit konfrontiert. Ein Jahr zuvor war seine Frau erkrankt. Ein großes Festessen zum 60. Geburtstag von Hannelore Kohl wurde abgesagt, weil sie 1993 nach einer Grippe-Infektion und schwerer Penicillin-Allergie im Ludwigshafener Krankenhaus lag. Schon als junge Frau hatte sie offenbar einmal unter dieser Allergie gegen die Ultraviolettstrahlung des Sonnenlichts gelitten, damals sei sie aber geheilt worden, heißt es im Kreise ihrer Bekannten.

Nun erzählte sie »Bild«: »Diese Allergie war furchtbar, überall Entzündungen der Haut, alles geschwollen, ich hatte schlimme Schmerzen, im Krankenhaus habe ich sofort Infusionen und starke Medikamente bekommen.« Sie konnte kaum schlafen, nicht essen und hatte schwere Kreislaufprobleme. Nach einer Kur erholte sie sich zwar zunächst wieder und begann sich durch Arbeit abzulenken, aber wirkliche Besserung stellte sich nicht ein.

»Anfangs musste sie nur direktes Sonnenlicht meiden«, erinnert sich Hannelore Moos, die seit 1985 Hannelore Kohls Sekretärin im Konrad-Adenauer-Haus war und ihrer Chefin später zum ZNS-Kuratorium folgte, als der Alt-Kanzler als Parteivorsitzender aufgab. Ließ sich Sonnenlicht, beispielsweise bei einem Staatsbesuch, nicht vermeiden, dann nahm Hannelore Kohl vorbeugend Kortison. Zum Schluss vertrug sie keinerlei Strahlen mehr, konnte nicht einmal fernsehen.

Die Verbannung in die Dunkelheit des Oggersheimer Heims muss verheerend auf das Gemüt dieser Frau gewirkt haben, die immer gelächelt hatte, auch wenn es in Krisenzeiten der Kohl-Regierung hin und wieder ein eher maskenhaftes Lächeln war.

Seit Hippokrates ist bekannt, wie Kälte und fehlendes Licht auf die Stimmung drücken. Häufig haben die Erkrankten ein Mischbild verschiedener depressiver Erkrankungen: Manche wirken verstimmt, bedrückt, wie zerschlagen – andere sind völlig antriebslos, liegen im Bett und ziehen die Gardinen zu.

Eine Weile trug sich Helmut Kohl ganz offenkundig mit dem Gedanken, die Politik aufzugeben. Er wirkte, wie Beobachter in Bonn registrierten, zeitweilig müde und lustlos und entschied sich erst zögernd zur Wiederwahl 1994, die knapp genug ausging. Im Fernsehen hatte er vorher erklärt, im Falle seiner Wiederwahl sei dies »mit Sicherheit die letzte Amtsperiode« als Bundeskanzler. Er habe nicht den Ehrgeiz, bis 1998 im Amt zu sein. Mit Schäuble hatte er über seine Rücktrittsabsichten aber nicht gesprochen.

Als am 16. Oktober die christliberale Koalition wieder gewählt worden war, verfügten CDU/CSU und FDP gerade noch über vier Stimmen mehr als die Kanzlermehrheit. Kohl wirkte resigniert und müde. Arbeitsminister Norbert Blüm erinnert sich genau: »Er hatte die Schnauze voll.«

Sollte Kohl also aufstecken und Schäuble sein Amt übergeben? Bei nur vier Stimmen über der Kanzlermehrheit? »Das Risiko, mit einer Niederlage zu enden, war ihm damals zu groß«, sagte Kohl-Berater Ackermann später. Kohl traute Schäuble nicht zu, die nötigen 337 Stimmen im Bundestag zusammenzubringen. Deshalb habe Kohl den Wechsel zu Schäuble gescheut.

Bald begann ihn jedoch das »Gerede vom Auslaufmodell« zu ärgern. Weniger denn je verbarg er seine Geringschätzung für Journalisten, die ihn dabei beobachteten, wie er das letzte Kapitel seines Lebenswerkes gestaltete. Die Fallen kannte er. Über die Schwächlichkeit der Koalition mit der FDP machte er sich so wenig Illusionen wie über die verbliebenen politischen Spielräume. Auch war ihm stets gegenwärtig, dass sein Erfolgsweg gesäumt war mit geborstenen Denkmälern jener Großen – von Konrad Adenauer bis Willy Brandt –, die den rechten Moment zum Absprung verpasst hatten.

Warum also machte er weiter? Hatte er nicht schon vor der letzten Wahl versprochen, die nächste Amtszeit sei »mit Sicherheit die letzte«? Warum quälte er sich noch?

Schwer vorstellbar, dass dieser Mann im Ruhestand Rasen mähen würde. Politik sei doch sein ganzes Leben, fand seine Schwester Hildegard: »Wenn der eines Tages als Kanzler aufhört, weiß ich gar nicht, was er dann machen will.«

Wahr ist, dass ihm gelegentliche Anwandlungen von Amtsmüdigkeit keineswegs fremd waren. Wahr ist aber auch, dass sich der Sog des Amtes als weitaus stärker erwies als die Aussicht, in Oggersheim über die manikürten Rabatten seines Ziergartens auf die Schutzwände zu starren.

Macht ist eine Droge. Noch kein Kanzler der Bundesrepublik hat freiwillig seinen Platz geräumt. Politiker können sich offenbar nicht vorstellen, dass die Politik auch ohne sie gehen könnte. Sie arbeiten, wie es der »Zeit«-Publizist Rolf Zundel kurz vor seinem Tod ausdrückte, »an verkappten Unsterblichkeitsprojekten«.

Helmut Kohl, dem geradezu besessenen Leser von Biographien von Staatsmännern, waren die Einsichten Konrad Adenauers nicht unbekannt: »Politik ist eine Leidenschaft. Sie kann zum Laster werden, wenn man sich ihr ergibt.« Aber wie der »Alte aus Rhöndorf« damals zog es auch sein politischer Enkel aus Oggersheim dreißig Jahre später vor, diese Einsicht zu missachten.

Betrieb betäubt. Selbstanfeuerung überspielt Erschöpfung. Ein deutscher Patriarch kennt keinen Herbst. Es geht rund oder zu Ende.

Verwunderlich war es also kaum, dass der scheinbar behaglich in sich selbst vibrierende Koloss Kohl die Partei zur Eile drängte: »Wenn wir in die Zukunft aufbrechen wollen, müssen wir es jetzt tun, denn wir werden nicht allzu viel Zeit haben.«

Im April 1995, der Kanzler wurde 65, verdichteten sich die Zeichen, dass Helmut Kohl statt in Rente wieder in die Wahlschlacht gehen wollte. Und noch zwei Jahre später – die Zeitungen aus Bonn meldeten, nun sei »das System Kohl« aber endgültig, tatsächlich und auf immer kaputt – kündigte »der Alte« aus dem Fastenurlaub am Wolfgangsee seine Kandidatur für die Wahl 1998 an.

War er nicht zu alt? »Das« spottete sein Generalsekretär Peter Hintze selbstgefällig, »werden Sie mich auch fragen, wenn wir im neuen CDU-Haus in Berlin weit über den Tiergarten blicken und ich Ihnen die Wieder-Kandidatur des Kanzlers Kohl für 2002 ankündige.«

Also doch – Kohl Zweitausend.

Wenn der Bundestagsabgeordnete Matthias Berninger von seinem Sitz im Plenum den Blick auf die Regierungsbank richtete, dann türmte sich vor ihm mit Helmut Kohl nicht einfach nur der Kanzler auf. Für den jungen Grünen thronte da die Bonner Politik persönlich, massig und unbeweglich.

Berninger, Jahrgang 71, war der jüngste Abgeordnete des Deutschen Bundestages. Er konnte kaum laufen, da wurde Helmut Kohl schon zum CDU-Vorsitzenden gewählt. Und er war gerade in die Gesamtschule übergewechselt, da zog der Mainzer ins Kanzleramt ein. »Solange ich politisch denken kann, regiert der«, sagt Berninger.

Tatsächlich war die schiere Dauer seiner Kanzlerschaft inzwischen Kohls wirksamstes Herrschaftsinstrument. Wer wagte zu widersprechen, wenn der »Kanzler der Einheit«, der alle seine Vorgänger noch persönlich kannte, eine politische Entscheidung als Ertrag seiner Lebenserfahrung kennzeichnete? Und wer spottete noch über einen Biedermann, der seit Jahrzehnten dabei war, die Welt nach dem Modell seines elterlichen Haushaltes zu formen und zu regieren?

Gewiss, er war inzwischen nicht mehr der simple Familienvater Kohl, der wusste, wie es den Leuten ums Herz ist, weil er mit den Menschen draußen im Lande zusammen in der Sauna schwitzte. Er gab auch kaum noch den landesväterlichen Kohl, der krachend jedem Bürgermeister in der Pfalz auf die Schulter zu schlagen pflegte, weil er ihm etwas verdankte.

Nein, das wiedervereinigte Deutschland erlebte nun schon seit einem knappen Jahrzehnt Helmut Kohl, den europäischen Vaterlandsvater; einen Menschen wie du und ich, soweit wir guten Willens wären, aber noch viel überlebensgrößer als früher der gefürchtete Franz Josef Strauß.

Die scheinbare Einfalt seines Lebensentwurfes hat viele getäuscht über seinen suggestiven Sog. Aber die Macht zur Definition seiner Umwelt war und blieb die wichtigste Voraussetzung für die Herrschaft dieses Kanzlers. Nicht wie die Welt ist, sondern wie man sie sehen muss, erzählte er den Deutschen.

Als lebte er in vormodernen Zeiten, bot sich Helmut Kohl – der sein Volk ins neue Jahrtausend führen wollte – als Abbild einer Welt dar, die es nur in nostalgischen Träumen gibt. »Der Staatsmann ist für ihn der Vater von Haus und Gesinde. Der Staat ist für ihn eine Superausgabe des elterlichen Hauses in Friesenheim«, hatte sein früherer Pressesprecher, der Bild-Kolumnist Peter Boenisch, einmal gesagt. Das war kein Scherz. Jetzt hieß das Haus Europa. Und noch immer war es die wahre Stärke des Pfälzers, dass er sich selbst zumeist so fühlte, wie er sich darstellte. Nur weil er seinen eigenen simplen Vorstellungen von der Welt gefühlsmäßig gewachsen war, weil er Kind genug geblieben war, um seine Fibel-Welt zu leben, konnte er auch andere einfangen.

Er wollte es noch einmal wissen. Einerseits gab es unter den politischen Profis nicht viele, die ihm noch einmal eine Chance ausrechneten. »Wir sind heute bei Themen angelangt, die Kohl nicht beherrscht«, glaubte der Hamburger Politologe Joachim Raschke. Andererseits – wann hätten Politologen Helmut Kohl schon zugetraut, irgend etwas zu beherrschen?

So sah er das auch selbst. Dass andere, sogar in seiner eigenen Partei, eine weitaus trübere Bilanz zogen nach 15 Jahren Kohl-Kanzlerschaft, dass sie ihm – neben fast fünf Millionen Arbeitslosen, einer Staatsverschuldung in Rekordhöhe und einem politischen Stimmungstief ohne Beispiel – Machtversessenheit und Handlungsunfähigkeit vorwarfen, das prallte am Panzer seiner Selbstgerechtigkeit ab. Im Grunde hatte Innenpolitik den Machtpolitiker Kohl immer nur in ihrer Auswirkung auf die jeweils nächste Wahl interessiert. Seine Pflicht glaubte er getan zu haben, wenn er die konkreten Aufgaben anderen zuschob. Sollten der Schäuble, der Blüm oder der Waigel doch machen. Er ließ regieren.

Fehler räumte er ein. Kritik nahm er hin, wegwerfend. Längst erschien ihm alles wie ein Ritual. Die Umfragen schrieben ihn ab, bei Industriellen und Intellektuellen war er der Buhmann, Konkurrenten innerhalb und außerhalb der Union belächelten ihn als Dinosaurier oder beschimpften ihn als Zukunftsblockierer. Wer konnte politisch überlebter sein als der ewige Kanzler? War seine Entscheidung nicht in Wahrheit eine Flucht nach vorn?

Solche Vorhersagen beflügelten ihn geradezu. Er kannte sie bis zum Überdruss. Von 1983 bis 1986 und 1989 bis 1993 hatten Schlagzeilen einem angeblich wegdämmernden Kanzler Kohl vor jeder Bundestagswahl den politischen Untergang vorausgesagt. Immer waren Entscheidungsschwäche, Autoritätsverlust und Wahlniederlagen in den Ländern die Anlässe. Die dann am Ende aber untergingen, hießen Hans-Jochen Vogel, Johannes Rau, Oskar Lafontaine und Rudolf Scharping.

Stets schien ein »neuer Kohl« zur Stelle, wenn der alte abgeschrieben war. Auch das gehörte inzwischen zur Legende des ewigen Kanzlers. Nun war »der Dicke«, »der Alte«, »der Chef« eine Kultfigur der Deutschen. Kaum tauchte er leibhaftig irgendwo auf, schoss ein Energiestoß durch die Menge, die Menschen erschienen elektrisiert und gelähmt zugleich. Andacht breitete sich aus, Staunen, dass es diesen Bonner Mythos wirklich gab, noch lebenspraller und gewichtiger, als ihn alle aus dem Fernsehen kannten. Eine Kathedrale der Macht. »Helmut«, riefen sie, »Helmut«. Das klang oft mehr nach Seufzern als nach Jubel.

Geradezu gierig pflegte der Kanzler dann nach den Händen zu greifen, die viele zunächst nicht einmal auszustrecken wagten. Die Menge antwortete mit Übergriffen. Schon früher war Helmut Kohl mit blauen Flecken aus solchen Sympathiebädern wiederaufgetaucht, inzwischen sei es ihm – sagten enge Berater – manchmal fast unheimlich, wie entrückt manche ihn anstarrten: »Nur einmal anpacken.«

Völlig unverständlich erschien es also nicht, wenn Helmut Kohl die Zweifel an seinen Chancen geradezu als positive Signale verstand. »Von meiner Mutter habe ich einmal den Satz gehört, ›Über dessen baldigen Tod man redet, der lebt sehr lange‹«, schwadronierte er im Österreichischen Fernsehen. »Deswegen finde ich es ganz komfortabel: Erst wird darüber geredet, wann ich verschwinde; dann wird darüber geredet, ich würde aussitzen; dann wird wieder darüber geredet, ich würde mich an keine Ordnung halten und wie ein Diktator reagieren und regieren. Also, ich nehme es, wie es kommt. Ich sehe das alles mit einem gewissen Amüsement.«

In Wahrheit fand er seine Lage keineswegs rosig. Wenn es um Wahlen ging, war Helmut Kohl nie ein Tagträumer. Er wusste 1996 sehr wohl, dass die Chancen der Koalition verzweifelt schlecht waren, die Ängste im Lande alarmierend, die Milliardenlöcher bodenlos, die Arbeitslosenzahlen eine Schande, die politischen Steuerungsfähigkeiten gleich null. In Augenblicken des Zorns schalt er seine Landsleute »verfettet«, »verfilzt« und »verbonzt«. Auch über die Qualität seiner Mitstreiter machte er sich keine Illusionen.

Kein Wunder, dass ihm unter diesen extrem schlechten Umständen das übliche Medien-Gehöhne von der Kanzlerdämmerung fast schon wie eine hilfreiche Verharmlosung erschien. Diese traditionelle Art Katastrophe mit eingebautem Happy-End musste Kohl um so willkommener sein, als er zu spüren begann, dass die Konstanten der bisherigen Politik nicht mehr stimmten. Äußerungen des Selbstzweifels gelangten an die Öffentlichkeit, seine Nervosität erschreckte Minister und Freunde. Die Stimmung war so gereizt wie selten zuvor, weil alles Alte nicht mehr weiterging, aber keiner etwas wirklich Neues wagen mochte.

Das Wort vom »Reformstau« bürgerte sich ein. Angelsächsische Zeitungen hämten über die »deutsche Krankheit« – Angst fressen Fortschritt auf. Die Mark sollte dem Euro weichen, Wachstum, Sozialstaat, der Ostblock, die Renten – auf nichts war mehr Verlass. Dem Standort Bonn stand Räumung bevor, längst hatten der Kanzler und Rita Süssmuth erste Spaten ins neue Regierungserdreich an der Spree gestochen.

Die Unruhe nervte. Doch von Aufbruch konnte keine Rede sein. Wohin denn auch? Nach Berlin, gewiss. Aber wozu? »In der Zeitenwende«, seufzte Zukunftsminister Jürgen Rüttgers elegisch, »kann man Ziele nicht konkret definieren.«

Kohls Antwort hieß: Wahlkampf, und sonst gar nichts. Arbeitslosigkeit, Renten, Steuern – alles, so hatte der CDU-Chef schon Ostern 1997 den Unionsoberen in einem Strategiegespräch eingebleut, müsse in Hinblick auf die Wahl 1998 betrachtet werden. Seither bewegte sich Helmut Kohl zwar nicht auf sicherem Boden, doch in vertrautem Gelände.

Dass die Sozialdemokraten zum Jahresbeginn 1998 mit Gerhard Schröder und Oskar Lafontaine gleich zwei mögliche Herausforderer aufboten, die in der Gunst der Wähler vor ihm lagen, schreckte ihn nicht. Im Gegenteil. Immer hatte er vom Hochmut seiner Gegner gelebt, die ihn unterschätzten. Auch jetzt sah er mit grimmigem Vergnügen, wie sie sich mit ihren Umfragevorsprüngen brüsteten und glaubten, sie hätten schon gesiegt, wenn sie nur die Fehler von 1994 nicht wiederholten, als der SPD-Herausforderer Rudolf Scharping ein Jahr vor der Wahl ebenso uneinholbar zu führen schien.

Allerdings verglich der Kanzler seine gegenwärtige Situation nicht mit 1994, sondern mit 1990, der ersten gesamtdeutschen Abstimmung nach der vollzogenen Einheit. Wie damals ging Helmut Kohl auch für 1998 wieder aus von »unvorstellbar veränderten Verhältnissen«, einer zweiten historischen Zäsur. Was 1990 die deutsche Einheit war, sollte acht Jahre später die europäische Währung sein.

Im Niedersachsenwahlkampf, Anfang 1998, warb der Kanzler noch für den Euro. Aber zur Bundestagswahl, das wusste er, würde der längst beschlossene Sache sein. Im Mai sollten in der Europäischen Union die Tatsachen vollzogen werden. Danach müssten sich die Deutschen einmal mehr in einer radikal veränderten Welt zurechtfinden.

»Es ist etwas ganz Ungeheuerliches im Gange«, schwadronierte Kohl vor seinen Parteifreunden. »Die Ängste werden zunehmen. Die Suche nach Halt und Orientierung wird wichtig.« Und in dieser Stimmung der Verunsicherung und des Zweifels wollten die Sozis den Deutschen auch noch einen neuen Kanzler zumuten? 1990, als die Wähler völlig überfordert waren durch die plötzliche Einheit, hatte allein die Figur des Kanzlers Stabilität und Kontinuität garantiert, erinnerten sich Kohls Berater. Auch 1998 müsste ihr Chef gar nicht wirklich Wahlkämpfer, sondern nur Kanzler sein.

Selbst das begann ihm aber Mühe zu bereiten. Oft wirkte er verdrossen. Allzu leicht fuhr er wütend auf, allzu schnell winkte er verächtlich ab. Er wusste Bescheid. »Punkt.«

Bedrückt hatten seine Freunde im Jahr zuvor erlebt, wie jammervoll Kohls Auftritte im Deutschen Bundestag waren. Dass seine Regierung in der Sommerpause »Blödsinn« vorführte, wie er selbst sagte, dass die Immobilität seiner Koalition und der »Byzantinismus« seines Hofstaates die CDU erbitterte, blieb nicht hinter den Fraktionstüren in Bonn.

Fehlleistungen häuften sich. Auf den Tag genau ein Jahr vor der bevorstehenden Bundestagswahl erschreckte der CDU-Chef die Delegierten des Landesparteitages Sachsen-Anhalt, als er sich Ende September 1997 mit Namen, Orten und Jahreszahlen so verhaspelte, dass Erinnerungen an Heinrich Lübke auftauchten. Den Oppositionsführer Christoph Bergner nannte er »Hans«, statt in Magdeburg wähnte er sich in Halle, und die Jahreszahlen purzelten gleich mehrfach durcheinander.

Dass Helmut Kohl inzwischen bei leisen Gesprächen zu laut redete und bei lauten zu undeutlich; dass ihm schnell die Luft ausging und der Schweiß ausbrach; dass er ungeduldiger aufbrauste denn je, zugleich dickfelliger wurde gegenüber Kritik und empfindlicher; dass er Realitätsebenen ausblendete und sich dafür in Details rechthaberisch verbiss – kurz, dass er alt geworden war, ließ sich immer schwerer verheimlichen.

Ein Denkmal? Das wollte er nicht sein. Das bröckelnde Brandt-Monument auf dem »SPIEGEL«-Titel im Frühjahr 1974 hatte Helmut Kohl immer vor Augen. Zwar schien er, wenn er öffentlich auftrat, oft ein bisschen abgelenkt, so als lausche er einer fernen Melodie. In Leipzig, auf dem Bundesparteitag 1997, wirkte er zeitweilig sogar bei seiner eigenen Rede abwesend.

Und doch – noch immer beherrschte die massige Figur dieses Kanzlers jede Szenerie, ob er mit erstaunlich behenden Bewegungen die Stufen zu Rednerpulten hinaufeilte, oder ob er buddhaartig träge im Plenum des Bundestages hockte. Wer seinen Weg suchte in Bonn und in der Partei, der musste am »Alten« vorbei. Und wer ein Wort der Kritik riskierte, der traf zwangsläufig auf diesen Mittelpunkt von allen und jedem.

War das noch Politik oder ein Akt der Magie?

Tatsächlich gelang es Helmut Kohl noch immer, wenn er in Feiertagsstimmung war, sein Selbstvertrauen in Überredungskraft umzusetzen. Dann präsentierte er sich für Augenblicke wieder als verlässlicher Steuermann, der – wenn er schon nicht den Weg zu »blühenden Landschaften« kannte – das Boot aber gewiss nicht in den Abgrund steuerte. Vertrauen wurde zur zentralen Kategorie, Vertrauen nicht ins Bewährte, sondern ins Gewohnte. »Im reißenden Strom im Canyon springen die Leute nicht in ein anderes Schlauchboot«, redete sich Generalsekretär Hintze ein.

Was bei Hintze wie Selbstbeschwörung tönte, war bei seinem Chef verinnerlichte Erfahrung, gekoppelt an eine herzhafte Verachtung der öffentlichen Meinung. Er misstraute jedem. Die »breite Öffentlichkeit« war er selbst. Er verließ sich auf seine Intuition.

Für die Meinungsforscher von Allensbach, sagte die Geschäftsführerin Renate Köcher vor der Wahl beim Festakt zum 50. Geburtstag im Bonner Geschichtsmuseum, sei Helmut Kohl stets ein schwieriger Gesprächspartner gewesen: »Er wußte oft früher, wohin sich die Bevölkerung bewegt, als wir.«

Jetzt war der Kanzler sicher, dass sich die Deutschen vor lauter Angst am liebsten überhaupt nicht rührten, gefangen in einem inneren Widerspruch aus Einsicht und Furcht. Allen war klar, dass angesichts der Zeitenwende Veränderungen nötig wären. Sie wollten sie auch, aber ohne persönliche Folgen. Und das, glaubte Helmut Kohl, sei eine ideale Voraussetzung dafür, ihnen den Euro zuzumuten, zu ihrem Wohle natürlich.

Der Kanzler wurde nicht müde, mit gefühlsgeladener Eindringlichkeit zu erläutern, das Währungsthema sei in Deutschland besonders angstbesetzt. »Die Mark, man muss es klar sehen, war das erste, was die Deutschen nach 1945 hatten – noch vor Gründung der Bundesrepublik. Sie kam vor der Fahne, vor der Nationalhymne.« Aber wie sich Ludwig Erhard 1948 über die in Umfragen ermittelte Furcht der Bevölkerung hinwegsetzte, als er die Deutsche Mark einführte, wollte sich Kanzler Kohl ein halbes Jahrhundert später gegen die Bedenken der Mehrheit entscheiden, indem er die D-Mark ablöste. Das eben, dozierte er vor der Allensbach-Festversammlung, kennzeichne den staatsmännischen Umgang mit Demoskopie-Ergebnissen, »Kompass« muss ein Kanzler sein, nicht bloß »Seismograph«.

Helmut Kohl gab sich überzeugt, die Einführung des Euro sei vortrefflich für eine solche Demonstration geeignet. Selbst im Falle einer Wahlniederlage stünde er ehrenvoll da, die Geschichtsbücher würden ihn als weitsichtigen Verfechter des europäischen Vermächtnisses der Union beschreiben, glaubte er – als würdigen Enkel Adenauers, der in fast aussichtsloser Situation für eine Sache anzutreten wagte, die größer war als er.

Das erwies sich – so pathetisch und berechnend es auch klingen mochte – als schiere Wahrheit. Zum ersten und letzten Mal in seinem politischen Leben opferte Helmut Kohl einen Wahlsieg um einer großen Sache willen. Mit seiner Europa-Politik wurde er dem vollmundigen Anspruch an sich selbst gerecht. Bis zum Ende seiner Kanzlerschaft weigerte sich der Kanzler konsequent, die Europapolitik zu innenpolitischen Zwecken zu instrumentalisieren. Selbst als der Union vor der Bundestagswahl das Wasser bis zum Halse stand und sie in den Meinungsumfragen hoffnungslos zurücklag, hat er eine populistische Ausbeutung des Themas verhindert.

Die Entschiedenheit, mit der Kohl – ohne sich um die Wählerwünsche zu scheren – seine Landsleute zu ihrem Europa-Glück zwang, ist Helmut Kohls wirkliche staatsmännische Leistung. Damit legte er – nach den Worten des sonst eher kohlkritischen CDU-Abgeordneten Peter Altmaier – eine Entwicklung fest, »die den Begriff Kulturrevolution im wahrsten und positivsten Sinne des Wortes verdient hat«.

Auch in dieser Hinsicht hielt sich der Enkel konsequent an die Vorgaben Konrad Adenauers. Wie der Gründungskanzler der Bundesrepublik hat auch Helmut Kohl das Gelingen der nationalen Einheit und die Einbindung Deutschlands in ein politisch unumkehrbar zusammengeschlossenes Europa immer als eine Angelegenheit von »Krieg und Frieden« betrachtet. Er teilte mit dem »Alten aus Rhöndorf« ein tiefes Misstrauen in die Verlässlichkeit menschlicher Vernunft im Allgemeinen und die Untiefen der deutschen Seele im Besonderen.

Die Warnung, die Kohl vor dem Bundestag am 11. November 1993 ausgesprochen hatte, bekam im Nachhinein seherische Qualität: »Wenn wir jetzt sagen dürfen, wir haben gemeinsam viel in der Europäischen Gemeinschaft erreicht, dann müssen wir auch sagen, dass sich dies auf Dauer nur absichern lässt, wenn es politisch abgesichert wird. Eine Art gehobene Freihandelszone reicht dazu nicht aus. Wir brauchen diese Politische Union. Ich halte es für einen schweren Fehler, dass mancher Zeitgenosse glaubt, dass die schrecklichen Erfahrungen in dem Gebiet des früheren Jugoslawiens auf diesen Teil Europas beschränkt sind und dass Rassismus, Nationalismus und Fremdenfeindlichkeit in anderen Teilen Europas, auch in Deutschland, für alle Zeit gebannt sind. Manche wollen nicht wahrhaben, dass Friede und Freiheit keineswegs etwas Selbstverständliches sind, das keiner Anstrengung mehr bedarf.«

Immer schon hatte den Pfälzer der europäische Gedanke angetrieben, aber mit dem Fall der Mauer erkannte er, dass die möglichst weitgehende Integration Deutschlands in ein vereintes Europa nicht nur wünschenswert, sondern unumgänglich sein würde. »Das Misstrauen gegen uns Deutsche« sei zurückgekehrt, sah der Kanzler, der sich beeilte, den Mitgliedern des Europäischen Rates in Paris schon am 18. November 1989 zu versichern, dass er »keinen nationalen Alleingang« vorhabe.

Dieser Kanzler grübelte nicht zuerst über Verfassungsmodelle, nach denen die »Vaterländer« des Kontinents vereinigt werden sollen; er zerbrach sich nicht allzu sehr den Kopf darüber, wie der bürokratische Zentralismus Brüssels demokratisch zu kontrollieren sei; ihn trieb nicht vorrangig die Frage um, wie der wirtschaftliche Druck multinationaler Konzerne begrenzt, die Stabilität der Währungen gesichert werden könne.

Für Helmut Kohl waren das alles Fragen zweiter Dringlichkeit im Vergleich zur »Gefährdung, die vom Nationalismus ausgeht«.

Letztlich verlor Helmut Kohl wegen seiner Fixierung auf Europa die Wahl – und seinen loyalsten politischen Freund, Wolfgang Schäuble. Der CDU-Fraktionsvorsitzende, seit dem Attentat nach der Vereinigung an den Rollstuhl gefesselt, hatte zwar noch im Januar 1997 mit seinem Kanzler für ein demonstrativ trautes Vater-und-Sohn-Bild im Amtszimmer Kohls posiert. Aber das Bild war eine Lüge. Wenige Stunden vor der Aufnahme hatte es Kohl zum ersten Mal schwarz auf weiß bekommen, dass der Weggefährte selbst die Nummer eines werden wollte. Vorsichtig, aber unmissverständlich hatte Schäuble via »Stern« mitgeteilt, die Kanzlerschaft wäre eine »Versuchung«, der er wahrscheinlich nicht widerstehen könnte. Er traue sich »im Grunde jedes Amt zu«.

Zu diesem Zeitpunkt machte der Fraktionschef intern schon

längst keinen Hehl mehr daraus, dass er die Reformen des deutschen Sozialstaates für notwendiger hielt als die planmäßige Euro-Einführung. Und Kohl, der am Tage seines 67. Geburtstages, am 3. April 1997, im Fernsehen seine offiziell Kandidatur für 1998 angekündigt hatte, sagte zwei Jahre später auf die Frage, warum er Schäuble nicht den Vortritt gelassen habe: »Dann wäre der Euro nicht gekommen. Und damit das klar ist: schon in meiner eigenen Partei nicht.«

Tatsächlich empfand Wolfgang Schäuble die neuerliche Kandidatur »des Alten« nicht nur als einen politischen Fehler, sondern auch als persönliche Kränkung. Nach außen hin blieb alles in Ordnung. Schäuble ließ in einer knappen Erklärung versichern, der Bundeskanzler könne sich »auf die volle Unterstützung und den Rückhalt der Fraktion verlassen«. Aber eine legendäre Männerfreundschaft der Politik begann zu zerbrechen. Schäuble vereinbarte mit Kohl eine Arbeitsteilung, die ihn faktisch zum Nebenkanzler machte. Während »der Chef« sich seinen außenpolitischen Interessen zuwandte, kümmerte sich der Fraktionsvorsitzende um die Innenpolitik.

Ärger blieb nicht aus. Im kleinen Kreis warf Schäuble dem Kanzler vor, er verwässere, verzögere und verschleppe Entscheidungen. Er sei unschlüssig und zu nachgiebig gegenüber der FDP. Schäuble sollte Führung demonstrieren: »Wenn Kohl es treiben lässt, treiben wir es eben allein voran.«

Auch gegenüber dem Koalitionspartner schienen Kohl und Schäuble gegensätzliche Wege zu verfolgen: Anders als Kohl, der treu zu den Liberalen hielt, versuchte Schäuble offenbar, die Möglichkeit einer Großen Koalition mit der SPD immer wieder ins Spiel zu bringen, um die FDP zu Zugeständnissen zu bewegen. Heute behauptet Schäuble, das alles sei in Wirklichkeit nie sein Ziel gewesen. Kohl, der die Große Koalition »strategisch tölpelhaft« fand, habe ihm diese Absicht angehängt, um sich öffentlich aufspielen zu können: »Es gibt keine Bereitschaft für eine Große Koalition, bei keinem in der Regierung. Die CDU verfügt doch über eine Mindestausstattung an historischem Gedächtnis.«

Helmut Kohl, der große Europäer, fühlte sich umso unersetzlicher, je näher der nächste Wahltermin rückte. Ständig erlebe der Kanzler, dass europäische und andere auswärtige Partner ihn als

Ratgeber betrachten, ließen seine Helfer wissen: »Es wirkt auf sein Selbstgefühl, gebraucht zu werden und die Entwicklung in Europa und der Welt beeinflussen zu können.«

Der Umgang zwischen den beiden Parteifreunden an der Spitze ließ frösteln. Schäuble diente dem Erhalt des Systems Kohl mit immer größerem Frust. Der Regierungschef kümmerte sich derweil demonstrativ um jedes Detail bei der Planung des neuen Kanzleramts in Berlin.

Ein seltsames Paar, diese beiden: »Schäuble war daran gewöhnt, von Kohl benutzt zu werden«, wie ein scharfer Beobachter erkannte. »Und Kohl hat gewusst: Der kann sich nicht von mir emanzipieren.« Kohl, der alles erfuhr, war durchaus klar, dass Schäuble nie direkt gegen ihn aufmucken würde. Tatsächlich hatte dieser engen Vertrauten gesagt: »Ich kämpfe nicht für mich. Das müssen andere tun, wenn sie meinen, dass es nötig sei.«

Also diente er seinem Kanzler verlässlich, wenn auch nicht ohne Widerspruch. Dass er nur durch Kohl und nicht gegen ihn ins Kanzleramt rollen könnte, hatte der Fraktionschef akzeptiert. Alle sollten es wissen: »Es ist meine Überzeugung, dass Helmut Kohl der richtige Bundeskanzler für unser Land ist. Deswegen habe ich ihn darin bestärkt, erneut anzutreten. Wer mir anderes unterstellt, der kennt mich schlecht.«

Kohls Umfrage-Werte blieben miserabel. Gegen beide potentiellen SPD-Kandidaten – Gerhard Schröder und Oskar Lafontaine – lag er klar zurück. Der CDU-Parteitag in Leipzig zeigte sich im Oktober 1997 wenig entzückt von der müden Rede des Kanzlers. Dessen Coup kam an Ende des Konvents, als er völlig überraschend Wolfgang Schäuble als seinen Nachfolger ausrief. »Jeder weiß, ich wünsche mir, dass Wolfgang Schäuble einmal Bundeskanzler wird«, sagte er.

Drei Stunden später liess er seinen Generalsekretär Peter Hintze klarstellen, die CDU habe einen Kanzler, und der wolle bis 2002 regieren.

Warum aber dann die plötzliche Ankündigung in Leipzig? War der Kanzler tatsächlich in Panik geraten, weil die CDU-Delegierten Schäuble 70-mal mit Beifall unterbrachen für eine zupackende, emotionsgeladene Rede, die sie eigentlich von ihrem Vorsitzenden und Spitzenkandidaten Helmut Kohl erwartet hätten?

Das würde wenig passen zu diesem abgebrühten Machtmeister. Tatsächlich war Kohls Ankündigung eher Provokation als Kapitulation – ein Musterverstoß gegen jede Form von politischer Korrektheit. Er kündigte seine Entscheidung im Fernsehen an, nicht im Forum. Wolfgang Schäuble wusste davon nichts. Kein demokratisches Gremium hatte den CDU-Vorsitzenden zu dieser Vornominierung legitimiert, die Satzung der Union sieht keine Erbmonarchie vor.

In Wahrheit ging es Helmut Kohl auch gar nicht um Schäuble. Der Chef zeigte nur eben mal, dass er noch immer die Fäden in der Hand hatte und allein Herr des Verfahrens war.

Als Schäuble nach der Landung in Bonn die Nachrichten hörte, war er wie vom Donner gerührt. Er fühlte sich gedemütigt. Fünf Jahre sollte er weiter den Kronprinzen spielen? Dass Kohl, wenn er es jemals gewesen war, nicht mehr sein Freund sein konnte, das erkannte der Jüngere plötzlich mit brutaler Deutlichkeit. Aber er schwieg weiter.

Trotzdem wurde die Union die Diskussion um den besseren Kanzlerkandidaten auch im Wahljahr 1998 nicht los. Im Februar äußerten sich 83 Prozent der Bundesbürger in Umfragen unzufrieden mit der Regierung. Kohl reagierte mit seinem rituellen Optimismus: »Wir werden die Wahl gewinnen.«

Als nach einem glänzenden Wahlsieg in Niedersachsen Gerhard Schröder am 1. März als Kohls sozialdemokratischer Gegenkandidat feststand, glaubten 67 Prozent der Bevölkerung an eine Abwahl Kohls im September. Geißler verlangte öffentlich, Kohl müsse »mit sich zu Rate gehen«, er habe »den Schlüssel in der Hand«.

Resignation machte sich breit. Umweltministerin Angela Merkel prophezeite: »Wir müssen uns ganz klar mit der Möglichkeit auseinander setzen, dass wir die Bundestagswahl verlieren könnten.« Kohl verströmte weiter Zuversicht.

Im April beschloss Schäuble, den Kanzler ein letztes Mal persönlich zu warnen. »Wir schaffen es nicht mehr«, sagte er ihm ins Gesicht und erwartete dessen Gegenfrage: Wer dann? »Mit mir auch nicht, hätte Schäuble dann antworten wollen«, tat er später kund, »aber die Niederlage würde dann weniger schwer wiegen.« Doch Kohl entgegnete ungerührt: »Ich will es noch mal wissen.«

Für Schäuble war seit diesem Tag klar: »Kohl hatte abgehoben.« Kohl hingegen klagte nachträglich: »Die haben mich nicht genügend unterstützt.« Im CDU-Präsidium und im Vorstand hatte er damals die Vertrauensfrage gestellt. Doch im Angesicht des Patriarchen schwiegen alle – wieder einmal.

Es wurde ein jämmerlicher Wahlkampf des Amtsinhabers. Zu seinen Kundgebungen kamen viele nur, um ihn noch einmal live zu sehen. Sobald Helmut Kohl zu reden anhub, gingen die ersten. Von der »Wucht der Geschichte« hatten sie genug gehört.

Am Sonntag, den 27. September 1998, gewann Gerhard Schröder die Bundestagswahl. Kohl saß um 18 Uhr im Kanzleramt. Sein Küchenkabinett war bei ihm: Juliane Weber, Andreas Fritzenkötter, Michael Roik, Friedrich Bohl. Um 18.55 Uhr gestand der Kanzler die Niederlage im Adenauer-Haus ein. Natürlich sei der Wahlausgang »eine große Enttäuschung« gewesen, die er »nicht so einfach wegstecken« konnte, wie er später einräumte. Aber er habe »überhaupt kein Gefühl von Bitterkeit« empfunden.

Die Großen der internationalen Politik-Szene riefen an – Bill Clinton und George Bush, Boris Jelzin und Jacques Chirac – und wünschten ihm Kraft und Mut. Manch einer sei erstaunt gewesen, was für einen guten Verlierer er an der Strippe hatte, erzählte Helmut Kohl später in seinem »Tagebuch«. Er hatte sich vorgenommen: »Ich will ein Beispiel für demokratisches Verhalten geben. Als Wahlverlierer kann das nur bedeuten, das Votum der Wähler zu akzeptieren.«

Zu diesen Vorsätzen gehörte auch, Wolfgang Schäuble zu informieren, »dass ich selbstverständlich den Parteivorsitz niederlegen werde«.

Auch diesen Rücktritt kündigte Helmut Kohl im Adenauer-Haus an. Gleich darauf drängten sich Schäuble und Verteidigungsminister Volker Rühe vor die Mikrofone und gaben wie siamesische Zwillinge Interviews in Serie. Der Generationswechsel in der CDU schien vollzogen, allerdings zu glatt, um wahr zu sein.

1999–2000
Das große Desaster

Eine günstigere Gelegenheit für eine würdige Form des Amtswechsels hätte sich kein Protokollchef ausdenken können: Am 3. Oktober 1998, eine Woche nach der Wahl, begegneten sich bei der Feier zum Tag der Deutschen Einheit Noch-Kanzler Helmut Kohl und sein siegreicher Herausforderer Gerhard Schröder in Hannover. Schröder, zufällig als amtierender Ministerpräsident von Niedersachsen Hausherr der jährlich durch die Bundesländer rotierenden Festversammlung, feierte seinen unterlegenen Widersacher. Der künftige Regierungschef drückte dem Vorgänger seinen demonstrativen Respekt aus für dessen »Anteil an der wiedergewonnenen staatlichen Einheit« und auch »für Ihre Arbeit für den Aufbau eines einigen Europas«.

Helmut Kohl kämpfte ergriffen mit den Tränen, als Schröder hinzufügte: »Ich bin sicher, Herr Bundeskanzler, die Menschen in Deutschland werden Ihnen das nicht vergessen.« Der Beifall des beeindruckten Publikums galt beiden Politikern.

Eine knappe Woche später besuchte Schröder den alten Herren im Kanzleramt und überließ ihm großzügig das Mietrecht im Kanzlerbungalow. Die beiden Ehefrauen trafen sich in Hannover. Kohl notierte: »Beide Seiten, die Männer wie die Frauen, sind an einem vernünftigen Umgang miteinander interessiert.« Doris Schröder Koepf, die Ehefrau des Nachfolgers, war von der Fürsorglichkeit Hannelore Kohls geradezu überwältigt: »Wie eine Mutter« habe sie sie auf ihre neue Rolle vorbereitet.

Hannelore Kohl hatte sich mit dem Aufbau des Kuratoriums ZNS zur Hilfe von Menschen, deren zentrales Nervensystem durch Verletzungen beschädigt worden war, eine Lebensaufgabe geschaffen. Das 1983 gegründete Kuratorium finanzierte dringend benötigte diagnostische und therapeutische Geräte und unterstützte den Aus- und Umbau neurologischer Rehabilitationskliniken.

Hannelore Kohl imponierte bald Fachleuten durch die Ernsthaftigkeit und das Geschick, mit dem sie auf diesem Gebiet agierte. Für fast 200 Kliniken sammelte sie bis Ende vergangenen Jahres insgesamt 36,9 Millionen Mark an Spendengeldern. Die Hälfte der Unfallopfer sind junge Menschen unter 25 Jahren und davon wieder 15 Prozent Kinder bis zum fünften Lebensjahr.

Die Bilder von der Gelassenheit des Machtwechsels, vom Akzeptieren der Wahlniederlage als demokratische Normalität haben sich in das Gedächtnis der Nation eingegraben: Wie achtungsvoll Nachfolger Schröder mit dem Mann umging, dessen Politik er ja auch nie grundsätzlich verteufelt hatte, und wie Kohl, offensichtlich im Einklang mit sich und der Welt, Abschied nahm von dem Amt, das er 16 Jahre lang innegehabt und maßgeblich gestaltet hatte.

Adenauer und Erhard, Brandt und Schmidt waren aus dem Amt des Bundeskanzlers gedrängt worden oder hatten den Eindruck verbreitet, sie seien von eigenen Parteifreunden oder vom politischen Gegner um ihre Verdienste betrogen worden. Kohl, so schien es, ging zufrieden, weil er auf ein fertiges Werk zurückblicken konnte. Der Übergang von der Bonner zur Berliner Republik, den manche als Zäsur gefürchtet hatten, geschah mit dem Generations- und Regierungswechsel wie von selbst. Das Neue ging bruchlos aus dem Alten hervor.

In seinem »Tagebuch« erinnerte Kohl an den Abgang Konrad Adenauers und dessen Verbitterung. »Sehen Sie, Herr Kohl, wie einen Hund hat man mich davon gejagt«, habe ihm der Alte mit abschätziger Geste geklagt, unerreichbar für den Widerspruch und den Trost des Jungen. So, ließ Kohl durchblicken, sollte es ihm nicht ergehen. Und auf Dankbarkeit, behauptete er, setze er schon gar nicht. Dennoch wurden ihm wieder die Augen feucht, als ihn die Partei zum Ehrenvorsitzenden ernannte.

Das war am 7. November 1998 an einem grauen Tag in Bonn. Es war der Parteitag des Wechsels, der für die CDU anstand, ein gravierender Abschnitt in seinem Leben, wie er zu erkennen gab. Die CDU wählte mit Wolfgang Schäuble unenthusiastisch, aber deutlich (93,4 Prozent) einen neuen Parteivorsitzenden, die Delegierten verabschiedeten nach 25 Jahren ihren alten Chef und Ex-Kanzler.

Die Stimmung im Bonner Hotel Maritim, wo die Partei sich in

Sichtweite des Adenauer-Hauses neu formierte, war seltsam uneindeutig. Der Schock der Niederlage, die nur zähneknirschend angesprochen wurde, lag bleiern über der Versammlung. Kein Aufbruch, kein Abbruch, nur Pflichtrituale, immerhin ohne allzu sichtbare Schäbigkeiten. Helmut Kohl bemühte mit inzwischen zur Routine zählender Sentimentalität die Gnade der Geschichte. Er wirkte, bei aller Nostalgie, merkwürdig entrückt und unverbittert. »Der Machtverlust trifft mich weniger als befürchtet«, bekannte er später. Verwunderlich war das nicht, schließlich wurde er immer noch wie ein Großstaatsmann behandelt.

Es flossen viele echte Tränen im Auditorium, es wurde aber auch manch bissige Bemerkung geflüstert. Dankbarkeit und Erleichterung hielten sich am Ende der Kohl-Zeit in der CDU die Waage.

Nachfolger Wolfgang Schäuble, betont nüchtern, redete zu lange und zu kopflastig. Bloß keine Gefühle. Die Nerven flatterten unter dünner Betäubung. Die verheerende Wahlniederlage, die alle anwesenden Bundespolitiker aus ihren Pfründen auf die Oppositionsbänke, wenn nicht gar völlig ins politische Abseits getrieben hatte, erwähnte der neue Vorsitzende mit drei vagen Absätzen. »Zwar hatte ich das Gefühl, dass die meisten Delegierten nicht nach gnadenloser Abrechnung lechzten«, rechtfertigte sich Schäuble später. »Doch wenn ich jetzt die Schuldfrage gestellt hätte, wäre dies das Startsignal für ein in jeder Beziehung kontraproduktives ›Gemetzel‹ gewesen.«

Ob die verlorene Wahl ein »bedauerlicher Betriebsunfall« war, wie Kohl zu glauben vorgab, oder ob sie die zwangsläufige Antwort auf dessen Aussitzpolitik darstellte, wie Schäuble fand, das wurde an diesem Tag so wenig erörtert wie an späteren oder früheren. Der grundsätzliche Wesensunterschied der beiden Männer, die einander jahrzehntelang in Freundschaft ergänzt hatten, war jedoch in der jüngsten Vergangenheit zu einem feindseligen Grundsatzkonflikt geworden, wie ihre Aussagen belegen.

Schäuble hielt nach der Wahl alle Analysen für falsch, »die davon ausgingen, eine Fortsetzung unserer Regierungszeit wäre möglich gewesen, wenn man nur Fehler vermieden, ja am besten auf Reformansätze verzichtet hätte. In einer Welt, die sich im Zeitalter von Globalisierung und Internet so rasend schnell weiterentwickelt, war der objektive Druck nach Veränderungen jedenfalls so groß, um selbst bei vorherrschender Neigung zur Wahrung aller Besitzstände bei den meisten Menschen das Gefühl von Stillstand zu produzieren.«

Kohl, der als Kanzler mit Richtlinienkompetenz den Kurs hätte vorgeben müssen, fand dagegen: »Unmittelbar vor der Bundestagswahl sprachen sich 65 Prozent der gesamten Bevölkerung dafür aus, unsere Reformen rückgängig zu machen. Wir waren regelrecht eingeklemmt zwischen der Wirtschaft, die uns Stillstand bei wichtigen Reformvorhaben vorwarf, einer Opposition, die die Reformen blockierte, und einer Bevölkerung, die die Reformen fürchtete.« Die Bevölkerung sei zunehmend von der Überzeugung geprägt gewesen, in einen Verteilungskampf geraten zu sein, in dem Wirtschaftsinteressen gegen Bevölkerungsinteressen standen. Kohl weiter: »Gleichzeitig wurde die CDU als Anwalt der Wirtschaftsinteressen gesehen und entsprechend die SPD als Widerpart, als Anwalt der Gewerkschaften und kleinen Leute.«

Das alles war Vergangenheit. Vom Bonner Parteitag, fand Schäuble, müsste deshalb das Signal ausgehen, dass die Niederlage die Union nicht umgeworfen habe. Es reichte aber nur zum kleinen Zeichen: Die Delegierten wählten Angela Merkel zur Generalsekretärin, und Schäuble kündigte mehr Offenheit in der Parteiarbeit an. »Veränderung beginnt in den Köpfen«, sagte er, das war das Höchstmaß an indirekter Kohl-Kritik, das der Nachfolger riskierte. Allerdings gehörte zu den ersten Angelegenheiten, mit denen sich die neue CDU-Führung befasste, auch das Finanzwesen von Helmut Kohl. Der frühere Generalsekretär Heiner Geißler warnte Schäuble, dass es unter Kohl Sonderkonten gegeben habe. Die wurden umgehend aufgelöst.

Ein kraftvoller Neubeginn war das nicht. Die CDU fremdelte, ihr frischgewählter Vorsitzender konnte sich für seine neue Rolle nicht richtig erwärmen. Vor Vertrauten bekannte er: »Fraktionschef bin ich mit Leib und Seele, Parteivorsitzender aus Pflichtgefühl.« Die Partei spürte es, die Irritation wuchs. Schäuble habe »keinen Instinkt für die Seele der Union«, hieß es.

Helmut Kohl, im Grunde voll damit beschäftigt, in aller Welt Orden und Ehrungen einzusammeln, bemerkte es eher nebenbei, aber mit bräsiger Genugtuung.

Doch dann kam, am 7. Februar 1999, die Sensation in Hessen. Mobilisiert durch eine ausländerfeindliche Unterschriftenaktion zur Frage der doppelten Staatsbürgerschaft, wie sie die neue rotgrüne Bundesregierung plante, setzte sich die CDU mit 43 Prozent klar gegen die SPD durch, die unter 40 Prozent blieb. Schäuble, unter dessen Vorsitz das die erste Landtagswahl war, erschien das Ergebnis »politisch ungefähr so, als wenn Weihnachten und Ostern auf einen Tag zusammenfallen würden«. Helmut Kohl freute sich zwar auch über den »spannenden Wahlabend«, aber doch von so weit weg, dass die neue CDU-Führung den Eindruck gewann, in Wahrheit hielte der Ehrenvorsitzende Erfolge seiner Partei ohne seine persönliche Beteiligung für nicht ganz glaubhaft, wenn nicht gar für unstatthaft.

Für Kanzler Schröder und seine rotgrüne Regierung begann eine schmerzhafte Talfahrt. Oskar Lafontaine, SPD-Vorsitzender, Finanzminister und eine Art politischer Zwilling des Kanzlers, warf den Bettel hin. Schröder musste die Beteiligung deutscher Soldaten am Jugoslawien-Krieg bekannt geben und verantworten. Helmut Kohl, der sich unter dem Bismarck-Memoiren-Titel »Gedanken und Erinnerungen« im Palais Schaumburg, dem ersten Amtssitz Konrad Adenauers, für das Fernsehen stundenlang über sein Leben verbreiten durfte, fing an, sich aufzuführen, als sei in Wahrheit er der einzige Kanzler, der diesen Titel verdiente. Die Überzeugung, dass sein Nachfolger dem Amt nicht gewachsen sei, wuchs schnell.

Das galt für seinen Nachfolger in der Partei genauso. Helmut Kohl trat auf dem Erfurter CDU-Programm-Parteitag auf, als sei er noch der Chef. Am geselligen Abend der Partei fiel er mit einem lärmenden Pulk von Kameraleuten und Fotografen im Gefolge ein, um sich am »Kanzlertisch« feiern zu lassen. Als er am nächsten Morgen in die Parteitagshalle kam, unterbrach Claudia Nolte ihre Rede und sagte: »Wir begrüßen herzlich den Herrn Bundeskanzler.«

Kohl genoss die Ovationen, bitter registrierten es die fast zu Statisten degradierten Angela Merkel und Wolfgang Schäuble. Der schrieb später in seinem Erfahrungsbericht »Mitten im Leben« resigniert: »Der Unterschied im Auftritt und in der Wahrnehmung durch die Delegierten blieb in den Medien nicht unbemerkt. Für Inszenierungen, dass hatte ich nun gelernt, war ich also ungeeignet, und auf Verständnis in der Öffentlichkeit konnte nicht gehofft werden, wenn schon diejenigen, die es wissen mussten, keine Rücksicht nahmen.«

Wenigstens tat Helmut Kohl dieses Mal nicht mehr so, als habe er den Zorn seines Nachfolgers nicht registriert: »Meine bloße Anwesenheit scheint ihn mehr und mehr zu irritieren«, hielt er hinterher fest: »Ich spüre, dass unsere Beziehung einen Knacks bekommen hat. Den Anlass dafür vermag ich zwar noch nicht zu erkennen, doch die Entfremdung zwischen uns ist unverkennbar.«

Gebremst hatte ihn diese Einsicht freilich nicht einen Augenblick. Im Gegenteil. Schon vorher hatte er bei seinem Bonner Lieblings-Italiener »Il Punto« mit Schäuble ausgemacht, dass er in den kommenden Monaten in den Europa-Wahlkampf wieder einsteigen wolle, in einer zentralen Rolle. Spürbar ergriffen von seiner eigenen Bedeutung notierte sich Kohl: »Es ist der Wunsch der CDU-Parteiführung, den Ehrenbürger Europas in vorderster Reihe einzusetzen.« Den »gewaltigen Aufmarsch« seiner Partei im Wahlkampf in Köln genoss der alte Haudegen, als habe er eine Vitalisierungsspritze erhalten. Nach zwei Auftritten in Berlin hielt er am 1. Juni 1999 in seinem »Tagebuch« fest: »Ich spüre Anerkennung. Die Zustimmung tut mir gut.« Als der große Wahlsieg – die Unionsregierung errang die absolute Mehrheit aller deutschen Mandate – dann zwei Wochen später eingefahren war, hielt Kohl fest, das Ergebnis sei »auch« ein Erfolg für Wolfgang Schäuble.

Der blieb aber auf Distanz. Gewiss, die Wahl sei »ein Triumph« gewesen, schon Hessen habe wie ein Wunder gewirkt, registrierte er. Doch war Schäuble »das Maß an Selbstzufriedenheit schon fast wieder zu groß. Denn der gefährlichste Gegner für die notwendige programmatische Erneuerung der CDU war jener Virus, der einlullt: Wenn alles gut läuft, warum dann noch die Unbequemlichkeit schwieriger Debatten?«

War da überhaupt was gewesen? Immer unverhüllter leitete Helmut Kohl inzwischen aus einer »Atmosphäre des Vertrauens und der Kontinuität« in seiner Partei den Anspruch auf Privilegien ab, ja im Grunde auf die Weiterführung seiner Kanzlerrolle. Der Umzug nach Berlin, wo er sich in »ansehnlichen Büroräumen« im CDU-Fraktionsbau Unter den Linden 71 eine Art Kanzler-

Dependance einrichtete, bedeutete für ihn »die Erfüllung eines Traums«. Kohl konnte, wenn er sich weit aus dem Fenster lehnte, das Brandenburger Tor sehen, im Hintergrund die Kuppel des Reichstages.

Staatsmänner aus aller Welt besuchten ihn, Bundestagsabgeordnete gingen ein und aus. Mit seinen Gefährten und ehemaligen Mitarbeitern in der Partei und in der CDU-Zentrale telefonierte der Ex-Kanzler viel. Regelmäßig nahm er an Vorstands- und Präsidiumssitzungen teil. Sein Autotelefon, das hatte er sich ausbedungen, zahlte die CDU.

Helmut Kohl nahm Einfluss. Zufrieden stellte er fest: »Beim Ausscheiden aus dem Amt des Bundeskanzlers habe ich mir nicht vorstellen können, wie sehr der Besucherstrom anschwellen würde... Mein Terminkalender ist zwar nicht so voll wie zu Kanzlerzeiten. Doch derart gefragt zu sein, bereitet mir – wenn ich ganz ehrlich bin – große Genugtuung.«

Mit Vergnügen registrierten »der Alte« und die neue CDU-Führungsspitze gemeinsam die »verkniffenen Mienen der Genossen« in der SPD-Bundestagsfraktion, die den rapiden Ansehens- und Kompetenzverfall der rotgrünen Regierung signalisierten. Doch während Kohl zu glauben schien, die Wähler bedauerten inzwischen ihren Irrtum und hätten lieber wieder ihn als Kanzler, warnte Schäuble »gebetsmühlenhaft«, wie er selbst sagt, davor, die Bodenhaftung zu verlieren.

Als die Serie von Wahlniederlagen in Ländern und Kommunen, die sich u. a. gegen Schröders Sparpaket wendeten, den Kanzler ernsthaft ins Wanken brachte, versammelte Helmut Kohl in Pfronten im Allgäu sein altes Kabinett um sich und hielt eine fröhliche Sitzung bei Allgäuer Platte und Weißwein ab. Beim Grappa erreichte die Sause ihren Höhepunkt. Ex-Wirtschaftsminister Günter Rexrodt (FDP) verkündete: »Wenn die anderen am Ende sind, rücken wir einfach wieder ein – ohne Vorwarnung.«

Kohl stieg sein Revival zu Kopf. Hatte er sich nicht wieder als Publikumsmagnet und Wahlkamplokomotive erwiesen? Er, der die politische Geschichte der Bundesrepublik vom Beginn an verfolgt und mitgestaltet hatte, der in unzähligen Anekdoten das Kolorit jener Jahre beschwören konnte, Kohl, der Architekt der europäischen Einigung, der Staatsmann, der sich mit den ehemaligen Führern der Großmächte duzte, stand im Mittelpunkt festlicher Ereignisse, wurde gefeiert und geehrt, in Deutschland und in der Welt.

Sah seine Partei das nicht? Er verlangte für seine Auftritte Begleitpersonal von zehn Mann und bessere Lautsprecher. Schließlich sei er »derjenige, zu dem die meisten kommen«. Die Generalsekretärin Merkel ließ ihn trotzdem abblitzen. Erbost begann der Ex-Kanzler nun das Mobbing. Das »Mädchen« habe den Laden nicht im Griff.

Schäuble erfuhr, dass Kohl in ganz Europa herumtelefonierte, um sich selbst als Ehrenvorsitzenden der Europäischen Volkspartei zu empfehlen. Den CDU-Vorsitzenden darüber zu informieren, war ihm nicht in den Sinn gekommen. Ein CDU-Führungsmitglied war sicher, dass Kohl um diese Zeit tatsächlich mit seiner Rückkehr zur Macht geliebäugelt hatte: »Der hat geglaubt: Schröder kann's nicht, Schäuble kann's nicht, also würden ihn die Leute noch mal rufen.«

Kohls Demoskopiewerte wuchsen in den Wochen um den zehnten Jahrestag des Mauerfalls noch erheblich an. Bei den vielen Festen und Gedenkveranstaltungen wurde er gefeiert wie ein nationaler Held. Der neue CDU-Vorsitzende suchte schon vor dem November und vor dem Ausbruch der Krise seinem Ehrenvorsitzenden eifersüchtig Schranken zu setzen: »Die Verhältnisse haben sich nun mal geändert.« Aber Kohl nahm es gar nicht mehr wahr.

Erst am 4. November 1999 merkte er »zutiefst bestürzt« auf, als das Amtsgericht Augsburg Haftbefehl gegen den ehemaligen CDU-Schatzmeister Walther Leisler Kiep erließ. Nun telefonierte Kohl, dem es fast die Sprache verschlug, wie er sich später erinnerte, sogleich mit seinem Nachfolger Wolfgang Schäuble. Der habe bis zu dieser Stunde ebenfalls nichts von dem Vorgang gewusst.

Doch ahnte er offenbar sofort die Brisanz, wenn auch nicht das für alle fast existenziell bedrohliche Ausmaß. In seinem Erinnerungsbuch schrieb Schäuble: »Damit nahm ein Unheil seinen Lauf, dessen Dimensionen sich niemand in der Parteiführung selbst in seinen schlimmsten Träumen hätte vorstellen können.«

Besonders fatal hätten sich die Begleitumstände der Geldübergabe ausgewirkt. Alles schien wie in einem schlechten Krimi inszeniert: Ein windiger Kaufmann – Karlheinz Schreiber – , der als Lobbyist für Waffenhersteller tätig war, bestellte den CDU-Schatzmeister und dessen Finanzberater in die Schweiz auf den Parkplatz eines Einkaufszentrums. Dort übergab er den Parteileuten unter konspirativen Umständen einen Koffer mit einer Million Mark in bar. Der Finanzberater schmuggelte dann das Geld nach Deutschland und zahlte die Summe in Teilbeträgen auf irgendein Konto angeblich zugunsten der CDU ein. Schäuble: »Diese mittlerweile symbolisch gewordene Szene hat maßgeblich dafür gesorgt, dass die dadurch ans Tageslicht gekommene Finanzaffäre der CDU von Anfang an in einem halb kriminellen Licht erschien.«

Diese Umstände müssen auch Helmut Kohl alarmiert haben, dem allerdings – wie er nachträglich festhielt – nicht etwa schwarze Konten einfielen, sondern sofort die Verbindung Schreiber-Schäuble in den Sinn kam.

Folgt man Kohls Darstellung, dann war die sogenannte Kiep-Affäre vom Moment ihrer Aufdeckung an eher ein Problem Schäubles als ein Kohl-Skandal. In seinem »Tagebuch« notierte er unter dem Datum 4. November 1999: »Der Name Karlheinz Schreiber erinnert mich nur an eine Spende über DM 100000, die Wolfgang Schäuble 1994 von ihm erhielt. Davon hatte ich zunächst nichts erfahren. Erst drei Jahre später, 1997, informierte mich entweder Wolfgang Schäuble oder die Nachfolgerin Kieps, die damalige CDU-Schatzmeisterin Brigitte Baumeister, von dieser Spende. Allerdings habe ich mich um die Angelegenheit nicht weiter gekümmert.«

Vor dem Untersuchungsausschuss des Deutschen Bundestages bestätigte Kohl Monate später, dass die Schreiber-Spende bei ihm schon 1997 »die Alarmglocken« zum Läuten gebracht hätten. Was die denn in Gang gesetzt hätte, wollte der Grüne Abgeordnete Hans-Christian Ströbele wissen.

Kohl: Das ist doch leicht zu beantworten: Die Person des Spenders.

Ströbele: 1997? Was wussten Sie denn da?

Kohl: In 1997 habe ich nicht zurückfragen müssen: Wer ist das?

Ströbele: Sondern?

Kohl: Ich wusste doch, wer Herr Schreiber ist.

Ströbele: Was wussten Sie denn 1997?

Kohl: Sie haben selber erwähnt, dass der Zusammenhang mit Waffen genannt worden war. Es ist doch klar. Herr Abgeordneter, was soll das eigentlich? Ich wusste es. Ich weiß jetzt nicht mehr im Detail, wer mir was gesagt hat, aber in 1997 war das keine Offenbarung für mich.

Ströbele: Dieser Hautgout hat Sie zu Alarm veranlasst, weil das ein Mann war, der von seiner Beschäftigung her....

Kohl: Weil das doch ziemlich selbstverständlich war. Ich weiß nicht, wo Sie ein Problem sehen.

Ströbele: Dass Herr Dr. Schäuble, der von diesem Mann auch in Kenntnis dessen, was Herr Schreiber so trieb, eine Spende von 100000 Mark angenommen hatte.

Kohl: Ich war nicht informiert, dass Wolfgang Schäuble 1994 mit Schreiber zusammen war.

Ströbele: Nein, aber 1997 haben Sie doch nun erfahren, dass Herr Dr. Schäuble von einem Mann mit, wie Sie sagen, Hautgout, 100000 Mark als Spende bekommen hat.

Kohl: Ja.

Ströbele: Und es gingen die Alarmglocken an. Haben Sie diese Alarmglocken dann auch dem Herrn Schäuble läuten lassen?

Kohl: Mit Sicherheit.

Ströbele: Aha. Was haben Sie ihm denn da gesagt?

Kohl: Das weiß ich doch nicht mehr. Entschuldigung, was soll denn das, was Sie hier treiben?

Ströbele: Das müssen Sie mir überlassen.

Kohl: Ich war im höchsten Maße negativ berührt über diesen Vorgang

Ströbele: Ach so.

Kohl: ... und habe ihm das gesagt. Punkt. Aus. Feierabend. Ich muss doch jetzt nicht sagen, welchen Endes das war. Das können Sie doch nachvollziehen. Im übrigen haben wir ein persönlich herzliches Verhältnis gehabt. Mir lag doch nicht daran, mit Wolfgang Schäuble Streit anzufangen.

Es hätte allerdings damals – drei Jahre vor der Befragung im Untersuchungsausschuss und gut zwei Jahre vor dem Leisler Kiep-

Haftbefehl – der Kohl-Warnung nicht bedurft. Auch Wolfgang Schäuble war schon beunruhigt gewesen, als die Staatsanwaltschaft Augsburg im Sommer 1997 Haftbefehl gegen den Waffenhändler Karlheinz Schreiber wegen Verdachts der Steuerhinterziehung erließ. Als er davon in der Zeitung las, wendete der sich an die CDU-Schatzmeisterin Brigitte Baumeister: »Ist das der, der mir das Geld gegeben hat?« 1994 hatte ihm Schreiber 100 000 DM in bar in einer Plastiktüte ins Büro gebracht, wie Schäuble sich erinnerte. Sie bejahte. Er fragte: »Wo ist das Geld?« Die Schatzmeisterin, so berichtete Schäuble später, sei ausgewichen. Schließlich habe sie zugegeben, das Geld sei nicht ordentlich als Spende verbucht worden. Auf mehrfaches Drängen hin bestätigte die Schatzmeisterin Ende 1997 Wolfgang Schäuble schriftlich, dass er ihr eine Bar-Spende von Schreiber für die Partei übergeben habe.

Dank Schäubles Fürsprache war die Baden-Württembergerin Baumeister zur Schatzmeisterin der CDU ernannt worden. Nun beschwerte er sich bei Kohl über sie: »Da sei Geld in dunklen Kanälen versickert, das sei nicht in Ordnung.« Kohl reagierte, wie Schäuble sich erinnert, elektrisiert. Er rief die CDU-Schatzmeisterin zu sich und fragte: »Hat die CDU eine Spende von Schreiber?« Baumeister: »Nicht direkt. Der Schäuble hat sie bekommen.« Baumeister fertigte auf Kohls Wunsch einen Vermerk an, in dem sechs Kontakte zwischen ihr und Schreiber notiert sind. In einem Punkt heißt es: »Im Frühjahr/Sommer 1994 habe ich auf Wunsch von Herrn Schreiber einen Gesprächstermin mit dem Fraktionsvorsitzenden Dr. W. Schäuble vermittelt.« Weder von 100 000 Mark noch von einem Sponsorenessen ist die Rede.

Kohl warnte Baumeister: »Pass auf, dass dies nicht öffentlich wird, sonst bekommst du große Probleme mit der Presse.«

In seinem »Tagebuch« trug Kohl nach: »Seinerzeit war ich sehr betroffen, dass mir Wolfgang Schäuble von diesem Vorgang 1994 nichts gesagt hatte. Bei unserem damaligen sehr engen persönlichen Verhältnis und unseren außerordentlich häufigen Begegnungen wäre es ein Leichtes gewesen, mich unmittelbar nach Empfang der Spende darüber zu informieren. Gleichwohl machte ich ihm 1997 keinerlei Vorwürfe. Wir verloren dann lange Jahre nie wieder ein Wort darüber. Der Vorgang wurde erst dann wieder ein Thema, als er zu mir kam und wir die Nachricht erörterten, dass Walther Leisler Kiep mit Haftbefehl gesucht wurde.«

Auch Schäuble war nach seiner Unterredung mit Kohl alarmiert. Ihm sei klar gewesen, bekannte er später, »dass diese Geschichte unangenehme Wirkungen entfalten könnte«. Seine Schatzmeisterin Brigitte forderte er auf: »Schreib das alles ganz genau auf! Das kann noch gefährlich werden.« Schäuble tat aber nichts, um die Spende nachträglich bei der Bundestagsverwaltung zu melden, wie das mit vielen anderen zunächst vergessenen Spenden schon mal geschieht. Stattdessen trug er das Geheimnis von nun an mit sich herum.

Mindestens Helmut Kohl, vielleicht aber auch Wolfgang Schäuble, schienen – so wirkt es im Rückblick – seit der Nachricht vom Haftbefehl für Leisler Kiep am 4. November 1999 zu fürchten, dass mit der Schreiber-Spende, die zu allem Überfluss – wegen einer Unachtsamkeit des sonst stets zuverlässigen und diskreten Finanzjongleurs Horst Weyrauch – Spuren in den Büchern hinterlassen hatte, das ganze System der schwarzen Kassen auffliegen könnte.

Zunächst setzte der Ex-Kanzler aber seinen nostalgischen Höhenflug ungebremst fort. Am Vortage des Mauerfall-Jubiläums, am 8. November, trafen sich die Kohls mit Barbara und George Bush und Irina und Michael Gorbatschow in Berlin. Tags darauf notierte Kohl in seinem »Tagebuch«: »Diese beiden Tage sind voller Erinnerungen an einmalige historische Ereignisse. Spürbar ist aber auch das Glück, viel für unser Volk erreicht zu haben.«

Eine gute Woche später jedoch, am 17. November 1999, hatten ihn auch die Schattenseiten der Geschichte endgültig eingeholt. Bei einer Durchsuchung des Büros von Horst Weyrauch waren Hinweise auf die schwarzen Kassen entdeckt worden, Weyrauch bestätigte, dass es Konten außerhalb der Schatzmeisterei gab, von denen die CDU-Bundesgeschäftsstelle »keine unmittelbare Kenntnis« gehabt habe. Auf die Frage der Staatsanwälte, ob die Rechenschaftsberichte der Partei unvollständig seien, antwortete Weyrauch, dass er »wahrheitsgemäß nur mit Ja antworten« könne.

In der CDU herrschten Hochspannung und Misstrauen. Wer weiß was über wen? Die »Süddeutsche Zeitung« berichtete über Hinweise, dass Kohl mit Geld aus schwarzen Kassen »Landesverbände, aber auch Personen unterstützt hat«. Bei Weyrauch seien Reisekostenabrechnungen in die Schweiz für die »CDU Bonn« gefunden worden, rätselhafterweise gebe es auch Abrechnungen Weyrauchs über Exkursionen nach Zürich, die von der hessischen CDU bezahlt worden seien. »Sind dies Hinweise auf heimliche Konten in der Schweiz?«, fragte die Zeitung.

Am Mittag des gleichen Tages erklärte Generalsekretär Heiner Geißler im Radio, »es ist so, wie es drinsteht, im Wesentlichen ja richtig«. Schäuble erreichte Kohl in Zürich bei der Credit Suisse, wo der Altkanzler als Berater tätig war. Er drängte ihn, sich der Verantwortung zu stellen. Er werde das Finanzgebaren der CDU von unabhängigen Wirtschaftsprüfern checken lassen, drohte Schäuble. Auch Merkel verlangte »rückhaltslose Aufklärung«. Kohl blaffte Schäuble an: »Du hast doch auch von Schreiber Geld bekommen.« – »Ja, natürlich«, will Schäuble gesagt haben, »ich habe dir das damals doch erzählt.« Schäuble zu Vertrauten: »Ich habe nicht begriffen, dass er einschüchtern wollte.«

In seinen »Tagebuch«-Aufzeichnungen nannte Kohl »den Generalangriff« der »Süddeutschen Zeitung« auf ihn »völlig absurd«. Der frühere CDU-Chef habe, schrieb das Blatt, Widerstand in seiner Partei mit Geld aus schwarzen Konten erstickt und sich die Gunst von Parteitagsdelegierten erkauft. Wer die Verhältnisse in der CDU tatsächlich kenne, der wisse, wie abwegig solche Behauptungen seien, hielt Kohl dagegen: »Ich bin in den fünfundzwanzig Jahren meiner Amtszeit als Parteivorsitzender auf zwölf Parteitagen in geheimer Wahl mit überwältigender Mehrheit gewählt worden. Es ist eine völlig abwegige Vorstellung, man hätte mit Geld aus angeblich schwarzen Kassen des Parteivorsitzenden mehr als 800 Parteitagsdelegierte bestechen können. Für mich ist jetzt offenkundig, dass ich kriminalisiert werden soll, um meine Reputation zu zerstören.«

Am 2. Dezember setzte der Deutsche Bundestag – auch mit den Stimmen der CDU und der Stimme Helmut Kohls – einen Untersuchungsausschuss ein, der prüfen sollte, ob Entscheidungen der Regierung Kohl käuflich gewesen waren. Es ging um das Panzergeschäft mit Saudi-Arabien, die Privatisierung der Leuna-Raffinerie, um die Airbus-Lieferungen nach Kanada und Thailand und um die Lieferung von Hubschraubern an die kanadische Küstenwache.

Täglich wuchs jetzt in der CDU die Furcht, dass die Spendenaffäre sich ausweiten könnte. Den Abgeordneten schwante, dass das Problem Kiep in Wahrheit ein Problem Kohl war. Jeder wusste: »Wenn Kohl hochgeht, dann sind wir erledigt.« Unfassbar, wenn auch Schäuble beteiligt wäre.

Kohls Strategie war klar, sie entsprach sowohl seiner bisherigen Machtpraxis als auch der inzwischen verstärkt spürbaren Verkennung der realen Situation. Er wollte alle Schotten hochziehen und – rauflustig wie immer – zur Gegenattacke blasen. Schäuble und Merkel hingegen beteuerten unablässig, sie wollten aufklären.

In seinem Bonner Büro im Adenauer-Haus traf Schäuble den früheren CDU-Generalbevollmächtigten für die Schatzmeisterei, Uwe Lüthje, zu einem Gespräch unter vier Augen. Lüthje soll Schäuble Kohls Schwarzkontensystem dargelegt und ganz offen vor »Aufklärungswut« gewarnt haben, die »nur in der Katastrophe enden« könne. Einig waren sich beide in der Einschätzung des Ex-Kanzlers: Kohl nehme weder auf Schäuble noch auf die Partei Rücksicht. Er denke nur an sich.

Tatsächlich fühlte »der Alte« sich bestätigt, dass der Ziehsohn und Nachfolger nicht das Zeug zum Krisenmanager habe. Vor Vertrauten sagte er: »Der kann es nicht, der muss weg.« Einen ersten Höhepunkt erreichte das Zerwurfnis der beiden CDU-Mächtigen am 2. Dezember 1999, als Schäuble erkennen musste, dass Helmut Kohl ihm das Protokoll der Zeugenaussage vorenthielt, die der CDU-Treuhänder Weyrauch vor der Augsburger Staatsanwaltschaft abgelegt hatte. Seit Tagen hatten der CDU-Vorsitzende und seine Generalsekretärin versucht, an dieses Dokument zu kommen. Nun erfuhr Angela Merkel, dass der Brief mit dem Protokoll bei Kohls Vertrauten Hans Terlinden gelandet war, dem Hauptabteilungsleiter im Adenauer-Haus, der ihn sofort seinem alten Chef weiterreichte.

Wütend eilte Angela Merkel in den Plenarsaal und erzählte es Schäuble. Der entschied in Sekunden: »Der Terlinden wird sofort gefeuert. Der muss den Schreibtischschlüssel abgeben und was dazugehört.« Fünf Minuten später rappelte das Telefon an Schäubles

Platz. Geschäftsführer Repnik nahm ab, Büroleiterin Juliane Weber fragte: »Ist der Wolfgang da? Der Kanzler will ihn sprechen.«

Schäuble nahm den Hörer und hörte Kohl verlegen rumdrucksen: »Du, Wolfgang, gestern abend bei dem Weihnachtsfest wollte ich dir etwas geben.« Es habe sich aber keine Gelegenheit geboten. Schäuble glaubte ihm kein Wort: »Erzähl mir keine Märchen, der Terlinden ist gerade gefeuert worden und hat dich angerufen.« Schäuble warf Kohl »Illoyalität« und »Vertrauensbruch« vor: »Ich bin der Parteivorsitzende und nicht du.«

Am Nachmittag ergriff Schäuble in der Debatte über die Spendenaffäre das Wort. Sein Freund Repnik in der ersten Bank der CDU/CSU-Fraktion folgte aufgeregt seinen Worten. Schäuble hatte ihm vorher erklärt, er wolle bei dieser Rede seine eigene Spendensünde, die Annahme der 100000 Mark vom Waffenhändler Schreiber, öffentlich gestehen.

Aber dann ließ Schäuble nur beiläufig fallen, er habe einen gewissen Schreiber am Rande eines Empfangs gesehen. »Irgendwann im Spätsommer oder Frühherbst 1994« habe er ihn bei einem Sponsorenessen der CDU kennen gelernt. »Ich habe Herrn Schreiber sehr wohl einmal getroffen. Das war es.«

»Mit oder ohne Koffer?« rief da der Abgeordnete Hans-Christian Ströbele von den Bündnis-Grünen. Schäuble: »Ohne Koffer, das heißt: Ich habe vielleicht einen Aktenkoffer dabeigehabt. Ich weiß es nicht mehr genau.«

Das war geschwindelt.

»Ein verhängnisvoller Fehler«, wie Schäuble selber wusste. Damit begann sein Absturz. Seit zwei Jahren hatte er ein schlechtes Gewissen mit sich herumgeschleppt, nun war die letzte Chance zur freiwilligen Beichte vertan. Ja, schlimmer noch: Schäuble hatte nicht nur Schwarzgeld genommen, sondern auch noch das Parlament deswegen angelogen. Das war ein Rücktrittsgrund. Und neben seinen Freunden Repnik und Hausmann wussten das auch Angela Merkel und Brigitte Baumeister. Vor allem aber wusste es Helmut Kohl, der nichts anderes im Sinn hatte, als sich selbst zu retten. Um jeden Preis.

Kohl hatte den Schäuble-Auftritt im Fernsehen verfolgt und notierte: »Dass er 1994 von dem Waffen-Lobbyisten ein 100000-DM-

Spende bekommen hat, verschweigt der Bundesvorsitzende. Ich frage mich, warum er vor dem Parlament diese Aussage macht. Ich verstehe Wolfgang Schäuble nicht.«

Zur nächsten Sitzung von Präsidium und Vorstand im Adenauer-Haus wurde Kohl quasi vorgeladen. Der Wirtschaftsprüfer Hendrik Hollweg von Ernst & Young trug vor, dass Weyrauch bis zu 17 schwarze Konten für die CDU angelegt hatte, über die wahrscheinlich eine zweistellige Millionensumme geflossen sei.

Kohl saß Schäuble, Merkel und dem Wirtschaftsprüfer kühl und konzentriert gegenüber, und er brachte es fertig, den Spieß umzudrehen. Unversehens schüchterte er den Wirtschaftsprüfer ein und examinierte ihn. Er gab sich überrascht – »davon höre ich jetzt zum ersten Mal« –, hakte nach – »wie viele Konten gab es jetzt genau?« –, schaute schließlich auf die Uhr und sagte: »So, Wolfgang, wir müssen jetzt zur PK.« Keiner war dazu gekommen, Fragen zu stellen. Kohl beherrschte die Lage.

Doch der öffentliche Druck ließ nicht nach, und er richtete sich vorerst voll gegen Helmut Kohl. Die Bonner Staatsanwaltschaft sprach sogar von einem Anfangsverdacht wegen Betrugs und Geldwäsche. Da beschloss der Angegriffene »dass es am besten ist, meine politische Verteidigung in die eigenen Hände zu nehmen«. Schäuble bezweifelte, dass das eine gute Idee sei, aber der Ehrenvorsitzende ließ sich nicht beirren. Ihn ärgerte, dass »die Aufklärer« in der CDU offenbar »nicht mehr zu bremsen« seien. Also beichtete er in der ZDF-Sendung »Was nun, Herr Kohl?«, dass er von 1993 bis 1998 Spenden in Höhe von »1,5 bis zwei Millionen Mark« entgegengenommen habe, die in keiner Buchführung der Partei auftauchten. Er weigerte sich, die Namen der Spender zu nennen, »weil ich mein Wort gegeben habe«. Mit den »Kontenbeziehungen und Kontengestaltungen etwa bei unserer Schatzmeisterei« habe er »nie etwas zu tun gehabt«, fügte Kohl in einem Ton hinzu, als sei das nicht nur verständlich, sondern sogar verdienstvoll.

Er habe seine persönliche Integrität mit diesem Fernsehauftritt unterstreichen wollen, erklärte Kohl nachträglich. »Dass ich nicht käuflich bin, ist für mich die wichtigste Botschaft gewesen. Mein Eingeständnis, Fehler gemacht zu haben, zeugt doch gleichzeitig davon, dass mein Unrechtsbewusstsein sehr wohl existiert, das mir von den politischen Gegnern ständig abgesprochen wird.«

Möglich. Denkbar aber auch, dass er auf Rat seines Anwalts die Flucht nach vorne antrat, wie es der renommierte Politikwissenschaftler Wilhelm Hennis vermutet. Nachdem sich Kohl des Rechtsbeistandes der Essener Kanzlei Holthoff-Pförtner versichert hatte, war es ihm, der seit Wochen auf der Liste der demnächst zum Interview Vorgesehenen stand, plötzlich sehr wichtig, in der ZDF-Sendung am 16. Dezember zu Wort zu kommen, um die »Spender«-Ehrenwort-Geschichte dort, vor einem Millionenpublikum, zum Besten zu geben. Auch die Delikte – Umgehung des Parteiengesetzes, Verletzung der Transparenz, aber noch mehr des innerparteilichen Demokratiegebots, Untreue gegenüber der eigenen Partei – servierte er den Zuschauerinnen und Zuschauern freiwillig ins Haus.

War das ein juristischer Schachzug? Es soll durchaus üblich sein, so Hennis, dass die Vertreter eines Beschuldigten der Staatsanwaltschaft schon vor Beginn der offiziellen Ermittlung »Anregungen« geben, in welche Richtung aus prozessökonomischen Gründen am besten ermittelt werden sollte. Wenn es so war, ging die Rechnung auf. Die Justiz reagierte prompt: Nur elf Tage später teilte die Staatsanwaltschaft die Einleitung des Verfahrens dem Bundestagspräsidenten mit. »Danach« – so Hennis in der »Frankfurter Allgemeinen Zeitung« – »lief alles nach Drehbuch. Kohl stand wieder im Mittelpunkt, er gab die Rolle des zweiten Eisernen Kanzlers, der sein Schweigen nicht bricht.«

Wolfgang Schäuble erlebte Kohls Fernseh-Auftritt mit größtem Unbehagen. Er fühlte sich an die skandalöse »Ehrenwort«-Erklärung des schleswig-holsteinischen Ministerpräsidenten Uwe Barschel erinnert. »Die Geschichte endete mehr als tragisch, und seither war ich gegen Ehrenworte in der CDU einigermaßen allergisch.« Kohl teilte er mit, dass die Union nicht darum herumkommen würde, den Namen der Spender zu nennen. Kohl weigerte sich weiter.

Völlig überraschend für die beiden streitenden Ex-Freunde an der Spitze der CDU nahm dann die CDU-Generalsekretärin Angela Merkel das Heft in die Hand. Ohne Schäuble zu informieren, forderte sie in einem Artikel, der am 22. Dezember 1999 in der »Frankfurter Allgemeine Zeitung« erschien, die Emanzipation der CDU von ihrem Übervater und Ehrenvorsitzenden. Die Ära des aktiven Politikers Helmut Kohl sei unwiederbringlich vorbei, schrieb die Generalsekretärin.

Über die Folgen war sie sich im Klaren. Irgend jemand müsse den historischen Bruch zum Wohle der Partei vollziehen. Wenn das nun ihre Aufgabe sei, wolle sie sich nicht drücken, entschied die Frau, deren »beispiellose Karriere« (Kohl) von einer stellvertretenden Pressesprecherin Lothar de Maizieres in Ostberlin zur Bundesministerin in Bonn ohne den damaligen Kanzler und Parteichef undenkbar gewesen wäre.

Schäuble las den Artikel im Auto und bebte vor Zorn. Er wusste, diese Stellungnahme war der »Point of no return« und würde eine Katastrophe auslösen. Kohl musste den Merkel-Angriff als von ihm inspirierte Kriegserklärung werten. Der Konflikt zwischen den beiden Männern war endgültig außer Kontrolle geraten.

Einen Augenblick erwog Schäuble, Merkel zu entlassen. Dann verwarf er den Gedanken, weil er in der heiklen Lage keine neue Front aufmachen durfte. Wütend stellte er seine Generalsekretärin im CDU-Präsidium zur Rede. Vor Journalisten schimpfte er, so etwas dürfe nur »einmal in zehn Jahren passieren«.

Merkel räumte später im kleinen Kreis ein, mit ihrem Artikel sei »der Krieg mit Kohl in eine neue Phase eingetreten«. Sie habe die dümpelnde Affäre beschleunigen wollen. Viele argwöhnische Parteifreunde unterstellten ihr indes, sie habe Schäuble – im Wissen um seine Spendensünde – dem politischen Untergang ausliefern wollen.

Aus Kohls Büro drang die Kunde von einem tobenden Altkanzler. »Illoyal und undankbar« seien Schäuble und Merkel. Zum einen nahm Kohl seinem Nachfolger übel, dass er vor der Presse kein Wort davon gesagt habe, »dass er für meine Weigerung, Namen zu nennen, zwar kein Verständnis habe, aber diese Haltung respektieren müssen, weil ich eben so bin, wie ich bin«. Zum anderen aber vermutete er natürlich eine Komplizenschaft Schäubles mit der Generalsekretärin Merkel. Angesichts des von ihm vermuteten engen Vertrauensverhältnisses zwischen Parteivorsitzendem und

Generalsekretärin erschien es ihm undenkbar, dass Wolfgang Schäuble von dieser Aktion nichts gewusst haben sollte.

»Ich bin bestürzt«, notierte der damalige CDU-Ehrenvorsitzende. Aber das war die mildeste Beschreibung seiner Wut. Breit legte er in seinem »Tagebuch« dar, wie er Frau Merkel zehn Jahre zuvor kennen gelernt und in Regierung und Partei gefördert hatte.

Nun traute er keinem mehr. Wer immer in seinem Büro auftauchte, bekam Kohls Groll zu spüren: Das dilettantische Krisenmanagement werde immer schlimmer. Musste er nicht, wie immer, wenn es ernst wurde in seinem Leben, alles selber machen? Keiner sollte ihn abschreiben, nur weil er formal nicht mehr im Amt war. Persönlich werde er dafür sorgen, dass Schäuble jetzt ein Ermittlungsverfahren an den Hals bekomme. Drohend fiel der Satz: »Mal sehen, wer übrig bleibt.«

Weder der grimmige Altkanzler noch Wolfgang Schäuble fanden während der Weihnachtsfeiertage Ruhe. Wie schon seit Jahrzehnten rief Schäuble Kohl an. »Seine Reaktion war ebenso frostig wie das Gespräch kurz«, notierte der Fraktionschef in »Mitten im Leben«. Kohl vermerkte in seinem »Tagebuch«: »Es wird immer deutlicher, dass es sich offensichtlich um ein abgesprochenes Spiel mit verteilten Rollen zwischen der Generalsekretärin und dem Parteivorsitzenden handelt. Ich weiß jetzt, auf was ich mich einzurichten habe.«

Mit Ingrimm bemerkte der Altkanzler, dass die Parteispenden-Affäre auf seine Familie durchzuschlagen begann: In seinem Tagebuch notierte Helmut Kohl am 3. Januar 2000: »Die Bonner Staatsanwaltschaft eröffnet ein Ermittlungsverfahren gegen mich; der Beschluss wird mir zugestellt. Damit habe ich gerechnet. Für meine Frau ist das Ganze ein Schock. Auch meine Kinder und ihre Familien sind sehr betroffen. Sie müssen erleben, wie sehr sie in ihrem persönlichen und beruflichen Alltag durch den Namen Kohl jetzt negativ abgestempelt sind. Während die Einrichtung eines Parlamentarischen Untersuchungsausschusses noch als Plattform der politischen Auseinandersetzung gelten mochte, hat diese öffentliche Erklärung der Staatsanwaltschaft viel gravierendere Wirkungen und stellt mich und meine Familie vor stärkere psychische Probleme«.

Für Hannelore Kohl waren die Schicksalsschläge damit nicht zu Ende. Es begannen die Spekulationen darüber, dass auch ihr Lebenswerk, das Kuratorium ZNS, das bis Ende 2000 fast 40 Millionen Mark für Hirnverletzte gesammelt hatte, benutzt worden sein könnte, um CDU-Spenden zu waschen. Die Wohltäterin war zutiefst verletzt. Und geradezu panisch machte sie die Vorstellung, Staatsanwälte könnten wegen der Spendenaffäre zu einer Hausdurchsuchung anrücken. Helmut Kohl klagte vor Vertrauten: »Ich fürchte, meine Frau steht das nicht durch.« Denn die war ja längst auch körperlich geschwächt und labil.

Wolfgang Schäuble kriegte die Folgen bald zu spüren. Das »System Kohl« funktionierte noch. In der Union wuchs der Verdruss mit dem neuen Vorsitzenden. Beiläufig hatte Schäuble zwei Tage vor Weihnachten mitgeteilt, dass die CDU-Fraktion Anfang 1997 in bar 1,146 Millionen Mark an die Parteizentrale abgeliefert habe. Die Geschichte war im Weihnachtsfrieden untergegangen, aber zum Jahreswechsel kochte sie hoch. An einen Zufall mochte Schäuble nicht glauben. Er sah darin Kohls ersten Versuch, »mit dem ich politisch umgebracht werden sollte«.

Kohl genoss die Wirkung seiner Macht wie in alten Tagen. Vor Vertrauten renommierte er: »Bald wird der Himmel wieder blau.« In Kürze würden wieder andere Verhältnisse in der CDU herrschen. Er schimpfte über Schäuble. Statt seiner müsse jemand an die Parteispitze, der von der Seele der Partei etwas verstehe wie Jürgen Rüttgers. Schäuble mache die Partei kaputt, dabei habe er selbst Dreck am Stecken. Kohls Ex-Staatsminister Anton Pfeiffer ergänzte: »Der Schäuble kann es nicht, und die Merkel kann es noch weniger.«

Der konspirative Machtkampf der beiden Spitzenmänner Kohl und Schäuble spitzte sich immer schneller auf eine endgültige Entscheidung zu. »Der Alte« ließ seinen Anwalt in der »Bild am Sonntag« erklären, er sei sicher, dass neben den von Kohl eingeräumten Spenden »in bar auch weitere Gelder der CDU gestiftet worden sind, ohne dass Helmut Kohl etwas davon gesehen oder gehört hat«.

War das nicht eine Anspielung auf die 100 000 Mark von Schreiber? Schäuble zweifelte nicht mehr, dass sein Vorgänger ihn vorführen wollte. Also trat auch er im Fernsehen die Flucht nach vorne an. Bemüht beiläufig gestand er in der ARD, was er Wochen vorher im Bundestag versäumt hatte: »Ich habe ja öffentlich schon ein paar Mal gesagt: Ich habe den Herrn Schreiber irgendwann 1994 im Zusammenhang mit einer Veranstaltung, wo wir Sponsoren geworben haben, dass sie spenden im Wahlkampf, kennen gelernt. Der hat dann am Tag danach eine Spende in bar abgegeben. Ich habe die an die Schatzmeisterei weitergegeben. Und ich habe dann jetzt, im Zuge der Aufklärung, die wir anstellen, festgestellt: die ist auch nicht veröffentlicht worden, sondern offenbar – die Wirtschaftsprüfer prüfen es noch – als sonstige Einnahme verbucht worden.« Und weiter: »Das waren 100000 Mark.«

Im Anschluss an Schäubles Darlegungen sendete die ARD ein Live-Interview mit Schreiber aus Kanada, der dem CDU-Chef nicht nur widersprach, sondern ihn einen »hinterhältigen Lügner« nannte. Er habe die Spende nicht am Tag nach dem Essen an Schäuble übergeben, sondern erst am 11. oder 12. Oktober 1994.

Kohls Kalkül war aufgegangen. Aus dem Fall Kohl wurde in den Medien schlagartig ein Fall Schäuble. Alle fragten: Warum hat Schäuble so lange geschwiegen? Warum die Widersprüche um die Übergabe? Wie gut kennt Schäuble den Waffenhändler wirklich? Wofür hat er das Geld genommen?

Nun wähnte sich auch Schäuble auf einmal in einer Kafka-Welt. Er fühle sich wie im Roman »Der Prozess«, klagte er, »wo Unschuldige plötzlich immer mehr in Verdacht und Verstrickung geraten und sich fragen: ›Bin ich verrückt‹?«. Er durchschaute die Situation nicht mehr. Von Kanada aus drohte Schreiber, dass »in diesem Verfahren noch viele Details zum Schaden der politischen Klasse an die Öffentlichkeit kommen«.

Zum ersten Mal dachte Schäuble in diesen Januar-Tagen 2000 ernsthaft über seinen Rücktritt nach. Als er im Schleswig-Holstein-Wahlkampf immer wieder von Zwischenrufern unterbrochen wurde, die nach seiner Rolle im Spendenskandal fragten, reichte es ihm. Er teilte seinen Stellvertretern mit, dass er seine Ämter zur Verfügung stellen wolle. Aber Angela Merkel bestand darauf, er müsse erst mit den Gremien reden.

Noch wichtiger fand Schäuble aber ein klärendes Gespräch mit

Helmut Kohl, dem Ex-Freund, der ihn jetzt offenbar vernichten wollte. Vor der entscheidenden Präsidiumssitzung am Dienstag, den 18. Januar, versuchte er ein letztes Mal, sich mit ihm zu arrangieren. Morgens um 8.30 Uhr, eineinhalb Stunden vor Sitzungsbeginn, bedrängte er seinen langjährigen Weggefährten in dessen Büro, endlich die Wahrheit zu sagen. Kohls Spender gebe es doch gar nicht. Der Altkanzler entgegnete: »Wie kannst du so etwas sagen? Wieso bezweifelst du das bei mir? Du hast doch selber auch eine Spende bekommen?« Wieder meinte er die Schreiber-Spende.

Beider Nerven lagen blank. Schäubles Forderung, er solle sein Bundestagsmandat niederlegen, lehnte Kohl brüsk ab. In seinem »Tagebuch« heißt es: »Wolfgang Schäuble sagte dann in höchster Erregung, er frage mich jetzt ein letztes Mal, ob ich die Namen der Spender nennen werde. Als ich darauf mit ›Nein‹ antworte, sagt er dann wörtlich: ›Dann bleibt mir nichts anderes übrig, als meinen Rücktritt zu erklären.‹ Darauf sage ich: ›Das wirst du nicht tun.‹«

Das reichte. Schäuble erinnert sich: »Mit dem Satz, dass ich wohl schon zu viel meiner knapp bemessenen Lebenszeit mit ihm verbracht hätte, beendete ich daraufhin das Gespräch«. In seinem Buch »Mitten im Leben« fügte er hinzu: »Es wird keine Minute mehr geben.« Er wendete seinen Rollstuhl und rief der Sekretärin Juliane Weber zu, dass er dieses Büro nie wieder betreten werde.

Das 20-minütige Gespräch war bis heute das letzte der beiden Ex-Freunde. Später sagte Kohl, dass er »noch nie« in seinem Leben »einen solchen Hass gespürt« habe.

Wolfgang Schäuble fuhr zur Konrad Adenauer-Stiftung und berichtete Merkel und Hausmann, die dort auf ihn warteten. Um 9.50 Uhr traf Biedenkopf ein. Unter vier Augen versuchte Schäuble Biedenkopf zu überreden, sein Nachfolger als CDU-Vorsitzender zu werden. Der sächsische Ministerpräsident lehnte ab.

In der anschließenden Präsidiumssitzung bot Schäuble offiziell seinen Rücktritt an. Einstimmig bewegte ihn das Gremium jedoch zum Bleiben. Norbert Blüm, bis zu diesem Tag einer der engsten und verlässlichsten Freunde Helmut Kohls, den er bei dessen Abschied vom Parteivorsitz 1998 noch rührend gefeiert hatte, ergriff als Erster das Wort und zeigte Schäuble, wem seine Loyalität inzwischen galt: »Wenn du zurücktrittst, tritt das ganze Präsidium zurück. Wir lassen dich nicht entsolidarisieren.« Biedenkopf argumentierte, man dürfe Kohl mit seiner alten Strategie, den Feind zu isolieren, diesmal nicht durchkommen lassen. Präsidium und Parteivorstand beschlossen, Kohl solle die Spendernamen nennen oder bis auf weiteres seinen Ehrenvorsitz niederlegen.

Noch am selben Abend teilte Helmut Kohl der Partei schriftlich mit, er verzichte auf sein Ehrenamt, ein Schritt, der ihn tief traf. In seinem »Tagebuch« schrieb er: »Ich kann nicht fünfzig Jahre meines Lebens wie ein schmutziges Hemd ablegen. Damit nicht genug, kommt zum Bruch mit der Partei nun auch noch der Bruch mit Wolfgang Schäuble hinzu. Beides geht mir nicht aus dem Kopf.«

Helmut Kohl zeigte sich tief verletzt. Die Klage über die verlorene Heimat CDU und den Verlust der von ihm überschaubar gestalteten Machtverhältnisse war nicht gespielt. Sie hatten ihm jene provinzielle Sicherheit suggeriert, mit der er als Bundeskanzler in der Welt auftrat, als sei sie ein Dorf und er ihr erfahrenster Gemeinderat. Es gab an diesem Tag nicht wenige, auch außerhalb von CDU und CSU, die Kohls Schicksal tragisch nannten.

Aber unüberhörbar war auch jene penetrante Mischung aus Selbstüberhebung, Wehleidigkeit und Rachsucht, die Helmut Kohl schon vor seiner Abwahl aus dem Kanzleramt und vom Parteivorsitz zu einer schwer erträglichen Figur gemacht hatte. Die nachträglichen Erklärungen und Interviews zu diesem 18. Januar 2000 lesen sich wie das beleidigte Lamento einer verfolgten Unschuld: »Hinzu kommt eine völlig ungewohnte Einsamkeit. Alte Weggenossen wenden sich von mir ab, zeigen demonstrativ, dass sie mit mir nichts mehr zu tun haben wollen. Norbert Blüm gehört dazu. Ich komme mir manchmal vor wie ein Aussätziger, den man wegen seiner gefährlichen ansteckenden Krankheit fürchtet und meidet.«

In »Mein Tagebuch 1998–2000« hat Helmut Kohl den Bruch noch einmal kommentiert: »Diese Szene zählt zu den schlimmsten Erfahrungen meines Lebens. Ich weiß, viele werden sich schwer tun, mir dies zu glauben. Aber es tut weh, mir in diesem Augenblick eingestehen zu müssen, dass eine wichtige Beziehung, eine jahrelange tragfähige und belastbare Freundschaft völlig zerbrochen ist. Aus meiner Sicht war es wirklich so: Zwischen Wolfgang Schäuble und mir hatte sich in den letzten Jahrzehnten eine sehr enge persönliche und wirklich freundschaftliche Beziehung entwickelt. Sie mit dem Verhältnis eines Älteren zu einem Jüngeren zu beschreiben greift zu kurz. Es war viel mehr. Ich kann es natürlich nur für mich sagen: Ich stand zu ihm in einer sehr emotionalen, ja brüderlichen Beziehung.«

Das Ende einer der dauerhaftesten und ertragreichsten politischen Männerfreundschaften, die es in der Geschichte der Bundesrepublik je gegeben hat, machte dem Altkanzler offenbar zu schaffen. »Im Gegensatz zu vielen, vielen anderen – auch im Unterschied zu manchen, die es vorzogen, zu diesem Thema zu schweigen – war ich immer der Meinung, dass er [Schäuble] auch nach dem Attentat als mein Nachfolger der richtige Mann ist, und zwar sowohl als Bundeskanzler wie auch als Parteivorsitzender«, schrieb Kohl. Dass er Fehler gemacht habe, »ohne es zu wollen, vor allem im psychologischen Bereich«, räumte er ein: Aber letztlich hielt er den Jüngeren wohl doch für zu schwach, um das gewaltige Erbe zu tragen, das er ihm aufgeladen hatte. Kohl: »Möglicherweise war aber auch meine schiere Existenz für Wolfgang Schäuble eine Belastung.«

Der damalige Regierungs- und Parteichef Helmut Kohl und sein vormaliger Kanzleramtschef Wolfgang Schäuble, später Innenminister und nach seinem Attentat langjähriger Fraktionsvorsitzender, haben zwar von Anfang an gelegentlich Meinungsunterschiede gehabt, aber mit den Jahren bedurfte die Harmonie immer stärker der Inszenierung wie bei der Aufnahme des Fotografen Konrad R. Müller im Jahre 1997. Die »Frankfurter Allgemeine Zeitung« sah klar den Jüngeren als Zerstörer: »Kohl stand Schäuble offenkundig im Weg. Schon vor vier Jahren, als Schäuble öffentlich von der Versuchung der Kanzlerschaft sprach; vor drei Jahren, als Kohl noch einmal die Kanzlerkandidatur für sich beanspruchte; vor zwei Jahren, als der CDU-Ehrenvorsitzende zum Ärger des neuen CDU-Vorsitzenden in der Öffentlichkeit und in den Parteigremien präsent blieb; und zuletzt in der Spendenaffäre, als Schäuble nicht nur den Verzicht des langjährigen Freundes auf den Ehrenvorsitz provozierte, sondern an jenem 18. Januar von ihm auch noch die Niederlegung des Bundestagsmandats verlangte«.

Knapp einen Monat später, am 16. Februar 2000, war Schäuble selbst am Ende. Der Mann im Rollstuhl legte seine Ämter als Partei- und Fraktionschef nieder. Bitter klagte er über die Medien und deren »Unterpflügen von Anstand und guten Sitten durch das Diktat des besten Schnittbildes«. Sich selbst sah er mit einem Zitat Friedrich Schillers als das Opfer, das ein rasender See gefordert habe. Und er kam »zu der am Ende schmerzhaften Erkenntnis«, zu sehr ein wesentlicher Bestandteil der 16 Kohl-Jahre gewesen zu sein, »um in der existentiellen Krise der Partei die nötigen chirurgischen Schnitte anbringen zu können, ohne mich dabei selbst zu verletzen«.

Der von Kohl eigenhändig auserwählte Nachfolger hatte sich aus dem mafiosen Sog des Patriarchen nicht befreien können. Wolfgang Schäuble, sein rächender Ziehvater Kohl wird es mit Genugtuung vermerkt haben, war so konsequent »auf Null« gebracht worden, wie es sein Vorbild Adenauer einst mit seinem Nachfolger Ludwig Erhard versucht hatte. Schäubles Fazit lautete: »Mag auch das von Helmut Kohl durchtränkte Klima nur langsam umschlagen, das pubertäre Sozialgefüge der Parteifamilie CDU noch eine Weile weiterbestehen, personell und sichtbar ist die Ära Kohl mit einem Triumph der Selbstzerstörung zu Ende gegangen.«

Am Tag darauf erklärte Schäubles Bruder Thomas, Innenminister der CDU-Regierung von Baden-Württemberg, öffentlich: »Ich verabscheue Herrn Kohl. Und da kann ich für die ganze Familie sprechen.«

Ohne seinen Bruder Wolfgang, fügte Thomas Schäuble hinzu, den Kohl kaum zu kennen vorgibt, wäre Helmut Kohl »nicht 16 Jahre Bundeskanzler geblieben«. Und weiter: »Nachdem das alles deutlich geworden ist, darf man ein Fragezeichen daran knüpfen, ob dies so gut war und ob denn darin so ein großes Verdienst liegt.« Dass seine Unterstützung einem galt, der sie eigentlich nicht verdient hatte – diese Erkenntnis sei es, unter der sein Bruder Wolfgang heute »sehr leidet«.

Auch Kohls angeblich unermüdlichen Einsatz für das schwer verletzte Attentatsopfer Schäuble stellte der Bruder in Frage. Es sei ja inzwischen bekannt, »dass der Altkanzler nahe am Wasser gebaut ist«, giftete Thomas Schäuble: »Wir wissen, dass Kohl bei jeder Gelegenheit auf Abruf weinen kann.«

Helmut Kohl fand, wie er sagte, kaum Worte angesichts von solchem Hass. Nur die Formulierung, die ihm immer zur Verfügung stand, wenn er sich beschuldigt sah, stellte sich ein: »abwegig«.

Der Ex-Kanzler hatte um diese Zeit, als viele wieder einmal die durch ihn verkörperte Nachkriegszeit enden sahen, noch weitere Gründe zur Empörung. Denn Bundestagspräsident Wolfgang Thierse präsentierte der CDU die erste Rechnung für die Spendenaffäre: Rund 41 Millionen Mark.

In Thierses Festsetzungsbescheid wurden der CDU für das Kalenderjahr 1998 insgesamt nur 35 Millionen Mark staatlicher Hilfen aufgrund der erhaltenen Wählerstimmen zugesprochen.

41 Millionen fehlten. Diese Summe hätte die CDU kassieren dürfen, weil ihr 50 Pfennige vom Staat für jede Mark privater Zuwendung aus Spenden und Mitgliedsbeiträgen zustehen. Die CDU hatte zwar pünktlich bis zum 31. Dezember 1999 den Bericht über das Vorjahr abgeliefert, und ein vorläufiger Bescheid von Thierse war auch noch auf die vollen 76 Millionen Mark ausgestellt.

Bald darauf zog es die CDU jedoch in den Schwarzgeld- Sumpf, vor allem in Hessen. Nach der von Hessens Mininsterpräsidenten Roland Koch vollmundig angekündigten »brutalstmöglichen Aufklärung« stand fest: Der Rechenschaftsbericht war falsch, das Parteivermögen in Wahrheit viel höher. Für die Hausjuristen des Bundestagspräsidenten war ein falscher Bericht gar kein Bericht. Die CDU klagte gegen diese Auslegung vor dem Berliner Verwaltungsgericht. Derweil dümpelte die stolze CDU am Rande der Pleite

Kein Wunder, dass Helmut Kohl fehlte, als Angela Merkel am 10. April 2000 auf dem CDU-Parteitag in Essen mit 95 Prozent der Delegierten zur neuen Vorsitzenden gewählt wurde. Zum ersten Mal seit 1951 war der Ex-Ehrenvorsitzende einem Bundesparteitag der CDU ferngeblieben. Um kein Medienereignis abzugeben, wie er sagte. Dass sein erbitterter Rivale Wolfgang Schäuble mit dem zweitbesten Ergebnis wieder ins Präsidium gewählt wurde, registrierte er. Auch den Zusatz nahm er zur Kenntnis: Viele Parteimitglieder erwarteten, dass Schäuble und Kohl ihren Konflikt nicht länger zu Lasten der CDU austragen.

Dazu, fand Kohl, habe er seinen Beitrag längst geleistet. Durch eine private Spendenaktion hatte er inzwischen etwa sieben Millionen Mark aufgebracht, um die finanzielle Strafe für die Partei abzutragen, die er durch seine illegalen Geldeinnahmen verursacht hatte. 700 000 Mark davon hatte er selbst beigesteuert. Jetzt ließ er die CDU wissen, er möchte alles dafür tun, dass der Graben zwischen Schäuble und ihm nicht noch tiefer werde: »Am liebsten würde ich ihn ganz zuschütten«. Nie habe er ein Interesse daran gehabt, Wolfgang Schäuble zu Fall zu bringen, und auch nie von ihm verlangt, dass er wegen der Umstände um die Schreiber-Spende die Konsequenzen ziehen müsse. Seinen Rücktritt habe Wolfgang Schäuble ganz alleine zu verantworten. Vor dem Untersuchungsausschuss des Bundestages beteuerte »Zeuge Kohl« wenig später: »Das Zerbrechen dieses persönlichen Verhältnisses gehört zu den bittersten Erfahrungen meines Lebens.«

Schäuble hingegen bemühte sich, bei einer Zeugenvernehmung, Kohl nicht beim Namen zu nennen. Er nannte ihn »den, der damals Kanzler war«. Auf viel öffentliches Verständnis stieß Wolfgang Schäuble mit seiner Kohl-Verdammung aber schon im Sommer 2000 nicht mehr. Im Gegenteil, während die Union – nach Wahlniederlagen in Schleswig-Holstein und Nordrhein-Westfalen – in der öffentlichen Wahrnehmung nahezu zu verschwinden schien, stabilisierte der Alt-Kanzler unaufhaltsam wieder seine Position. Die Öffentlichkeit war der Affären müde. Die Stammtisch-Überzeugung, dass »die da oben« alle nicht viel besser sind, kam Kohl zur Hilfe. Staatsbesucher der rotgrünen Bundesregierung in Berlin – von US-Präsident Bill Clinton über Frankreichs Staatspräsidenten Jacques Chirac, von Moskaus neuem Staatschef Wladimir Putin bis zum chinesischen Ministerpräsidenten Zhu Rongji – machten auch dem Staatsmann in Ruhestand ihre Aufwartung.

Das alles stärkte sein Selbstbewusstein beträchtlich, gab aber seinen öffentlichen Auftritten immer stärker eine Aura von Unwirklichkeit. Denn was weiter über Kohls Amtszeit an die Öffentlichkeit drang, war wenig geeignet, »den Alten« zu rehabilitieren. So legte der ehemalige FDP-Abgeordnete Burkhard Hirsch im Auftrag der Bundesregierung einen Bericht vor, der nachwies, dass in nächtlichen Geheimaktionen kurz vor Kohls Ausscheiden aus dem Kanzleramt 1998 Akten und Computerdaten in gewaltiger Menge vernichtet worden waren. Kohl dazu lapidar: »Der rotgrüne Zug fährt weiter in Richtung Kriminalisierung und Verleumdung von Helmut Kohl und seinen Leuten.«

Die sächsische Staatskanzlei in Dresden ließ wissen, dass am zehnten Jahrestag der Wiedervereinigung, der in Sachsen unter Leitung des Kohl-Feindes Kurt Biedenkopf gefeiert wurde, der »Kanzler der deutschen Einheit« nicht als Redner erwünscht sei. Nur als Zuhörer in der ersten Reihe war Kohl geladen. Der schäumte: »Ich hatte nichts anderes erwartet.« Es solle eben Sorge getragen werden, »dass man von Helmut Kohl im Zusammenhang mit der deutschen Einheit nicht mehr allzu häufig redet«. Natürlich wollte er unter diesen Umständen nicht nach Dresden gehen. Zum Ausgleich lud ihn die Parteichefin Angela Merkel ein, auf einer CDU-Veranstaltung in Berlin zu reden.

Am 11. September saß Helmut Kohl zum ersten Mal wieder in der Fraktion im Berliner Reichstag – in der vierten Reihe. Wolfgang Schäuble tat so, als sei »der Alte« gar nicht anwesend. Einen Tag später wurde im Berliner Schiller-Theater der Abschluss des Zwei-plus-Vier-Vertrages gefeiert, der vor zehn Jahren den Weg zur Wiedervereinigung freigemacht hatte. Schäuble und Kohl gehörten zu den geladenen Gästen. Als Kohl Schäuble sah, lief er demonstrativ auf ihn zu, um ihm die Hand zu geben. Schäuble blickte gequält zur Seite. In seinem »Tagebuch«, in dem der Ex-Kanzler die »glanzvolle Feier« ausführlich würdigte, fand die aufdringliche Begegnung keinen Niederschlag.

Die Berliner CDU-Feier zum 10. Jahrestag der Deutschen Einheit am 27. September 2000, auf der Helmut Kohl neben der Parteivorsitzenden Angela Merkel im »Tränenpalast« am Bahnhof Friedrichstrasse redete, gestaltete er dann zum triumphalen Comeback. Genüsslich erinnerte der Alt-Kanzler daran, dass er an diesem Ort, an dem die DDR-Grenzer einst die Ein- und Ausreise in ihre vermauerte Republik bestimmt hatten, einmal abgewiesen worden sei: »Herr Kohl, sie sind eine unerwünschte Person.« Und damit nur niemandem die aufdringliche Parallelität mit seinem Verhältnis zur eigenen Partei entgehe, fügte er hinzu: »Wenn ich das erzähle, verstehen Sie, warum es mich besonders freut, heute hier zu sein.«

Minutenlanger Beifall dankten dem wiedererstandenen CDU-

Patriarchen für seine heftigen Angriffe auf alle seine Gegner und die Restaurierung seiner selbst als Denkmal. Am Ende applaudierte auch Angela Merkel im Stehen. Tapfer hatte sie zunächst noch auf die »schweren Monate für uns alle«, ja sogar auf die »in einigen Punkten wohl nach wie vor gegensätzlichen Auffassungen« hingewiesen. Doch dann unterwarf sie sich endgültig der Parteiräson: »Diese CDU ist die Partei der deutschen Einheit und der europäischen Einigung.«

Für Kohl zählte mehr die Form als der Inhalt: »Unsere beiden Reden finden eine starke Resonanz«, notierte er nachträglich: »Auf viele Gäste dieses Parteiforums wirkt unser gemeinsamer Auftritt wie ein Stück Befreiung. Beim anschließenden Empfang sprechen mich viele Menschen an und drücken ihre Freude darüber aus, dass unsere Partei an diesem Tag wieder Geschlossenheit zeigt. Mit welcher Freude meine Verbundenheit mit der Partei, der ich seit 1947 angehöre und die meine politische Heimat ist und bleibt, aufgenommen wird, das ist beinahe physisch spürbar.«

Auf dem Dampfer »Agora« hielt er nach der Veranstaltung Hof wie in Kanzler-Tagen. Umringt von alten Weggefährten schwadronierte »der Chef« auf dem Sonnendeck. Angela Merkel stand schweigend daneben. Als sie im Saal ihre Rede beendet hatte, war Kohl zum Handschlag nicht einmal aufgestanden.

Keine Frage, er war wieder wer. Und als der nun wieder ewige Kanzler der deutschen Einheit dann am 19. Dezember, elf Jahre nach seinem legendären Dresdner Auftritt im revolutionären Winter der DDR, vor der Frauenkirche in Dresden redete, schien der Kreis geschlossen.

Der sichtlich von Rührung übermannte Koloss begann und endete seine Rede vor 15 000 Anhängern wie damals im Wendeherbst: »Liebe Landsleute« und »Gott segne unser deutsches Vaterland«. Kein Wort von Schwarzgeldkonten und anonymen Spenden, kaum ein paar Sätze zur Gegenwart. Unter dem Rednerpult trug Landesvater Kurt Biedenkopf eine Maske leicht gelangweilter Höflichkeit zur Schau.

Helmut Kohl, das war die Botschaft von Dresden, ist und bleibt der Alte. 3 000 Fans drängelten sich am Nachmittag in einem Buchladen in der Prager Straße, um sein »Tagebuch« mit einem Autogramm zu ergattern. »Seit einer Woche verkaufen wir den Kohl besser als Harry Potter«, freute sich Buchhändler Tom Kirsch.

»Danke Helmut«, sagten seine Bewunderer: »Lass dich nicht unterkriegen.« Ein junger Mann rief: »Du bist und bleibst für mich der Kanzler der Einheit.« Kohl war zu Tränen gerührt.

»Neulich in Berlin«, schrieb die taz, »sind die Leute doch nur noch gekommen, um ihn zu bestaunen, sie haben ihn berührt und gekichert. Sie sind zu Kohl wie zu einem alten Gorilla im Zoo gegangen. Hier in Dresden ist er wieder der Doktor Helmut Kohl. Der Kanzler der Einheit. Der Staatsmann. Da können die Sozis an schwarzen Kassen aufdecken, was sie wollen.«

Ein Mann bleibt sich treu. In Berthold Brechts Keuner-Geschichte »Vom Wiedersehen« erbleicht Herr K., als ihm nach Jahren der Trennung ein alter Bekannter versichert, er habe sich gar nicht verändert. Helmut Kohl strahlt.

2001 – Macht war das Ziel

Dass es ein Stück Käsetorte gewesen war und kein Windbeutel, was am letzten Donnerstag im November 2000 dem Altbundeskanzler Helmut Kohl an den Kopf klatschte und dann auf den Anzug kleckerte, ließ sich durch Recherche nachträglich ermitteln. Gekauft hatte es der 29 Jahre alte Stefan-Peter R. für 2,50 DM bei der Bäckerei Schwarzkopf in der Klosterstraße in Spandau. Der Werfer wollte über seine Motive nicht sprechen. Helmut Kohl fand: »Der Pöbel ist wirklich überall.«

Der Tatbestand also, den die Deutsche Presseagentur um 16.19 Uhr am 30. November aus der Buchhandlung Dussman in Berlin meldete, war eindeutig. Nur – was hatte der Vorfall zu bedeuten? Gar nichts, wie Kohl zu suggerieren versuchte, indem er unverdrossen und grimmig schweigend sein »Tagebuch« weiter signierte? Das traurige Ende eines großen Staatsmannes, der sich nach seinem kriminellen Verhalten in der Parteispendenaffäre halsstarrig auf die politische Possenebene runtergewirtschaftet hatte? War der Vorfall Ausdruck der verwilderten Sitten unter dem Chaos-Regime von Rotgrün? Oder hatte die Slapstick-Nummer vor laufenden Kameras als Markenzeichen der Berliner Republik zu gelten?

»Nicht die Taten sind es, die die Menschen bewegen, sondern die Worte über die Taten«, wußte schon Aristoteles. Und das Torten-Attentat von Berlin, so entwürdigend es für den Menschen Helmut Kohl sein mochte, hatte doch einen gnädigen Entzauberungseffekt. Wie im Märchen ein Frosch an die Wand geworfen wird und einen Prinzen befreit, so platschte in Berlin ein Stück Kuchen an ein Denkmal und erlöste einen eher hilflosen alten Mann von der Bürde eines verfrühten Mythos.

Nein, Helmut Kohl – so pathetisch er sich auch in Szene zu setzen pflegt als Verteidiger des freien Westens, Vater der deutschen

Einheit und Vollstrecker der europäischen Einigung – ist kein zweiter Bismarck, den der Liberale Friedrich Naumann noch Jahrzehnte nach seinem Tode einen »Nationalbesitz« nannte, den Ersten aller Deutschen. Jahrzehntelang war der grollend aus dem Amt geschiedene Alte aus dem Sachsenwald eine nationale Kultfigur, Gegenstand leidenschaftlich umkämpfter kollektiver Erinnerungen.

»Ein großer Mann ist ein öffentliches Unglück«, zitiert der Historiker Jürgen Kocka ein chinesisches Sprichwort. Und so gesehen, hat die Bundesrepublik Deutschland mit ihrem Dauerkanzler Helmut Kohl in einer brisanten Umbruchsphase der Geschichte wohl sogar Glück gehabt.

Gewiss, dass eine wichtige Phase der Bundesrepublik Deutschland zu Ende gegangen war, als Kohl am 27. Oktober 1998 im Bonner Bundestag abgewählt wurde, darüber waren sich alle einig. Zwei Jahre länger hatte sie gedauert als die legendäre »Ära Adenauer«, die das Selbstverständnis, den Stil und den internationalen Stellenwert der deutschen Nachkriegsdemokratie bis heute prägt.

Aber Zeitenwende? Epochenzäsur? An Drama hat es ja nun nicht gefehlt in seiner Regierungszeit. Aber das Spektakel der »Ära Kohl« lieferte die Historie, nicht die Person, die sich als »Kanzler der deutschen Einheit« ihren Platz in den Geschichtsbüchern gesichert zu haben glaubt. Jacob Burckhardt hat »historische Größe« eines Staatsmannes mit seiner »Einzigkeit«, seiner »Unersetzlichkeit« erklärt: »Der große Mann ist ein solcher, ohne welchen die Welt uns unvollständig schiene, weil bestimmte große Leistungen nur durch ihn innerhalb seiner Zeit und Umgebung möglich waren und sonst undenkbar sind.«

Nicht einmal Kohl selbst, der nun wirklich nicht gering von sich denkt, würde sich diese Charakterisierung zuschreiben. Er wußte immer, dass es eher die Größe der Zeit und die »Einzigkeit« seiner weltpolitischen »Umgebung« war, die ihm Leistungen ermöglichten, die sonst undenkbar waren.

»Wir leben in einer einmaligen Zeit«, hatte er 1990 in Moskau den sowjetischen Staatschef Michail Gorbatschow beschworen: »Die kommenden Jahre werden in der Geschichte eine tiefe Spur hinterlassen … Es wäre unverzeihlich, mit verminderter Tatkraft oder unentschlossen zu handeln.«

Wer wollte dem widersprechen? Doch ein Beweger der Geschichte war dieser Kanzler deswegen noch nicht. Allerdings auch kein bloßer Gefangener der Zeit und ihrer Umwälzungen. Eher verstand er sich, im Sinne Bismarcks, als einen Menschen, der den Strom der Zeit nicht schaffen und nicht lenken kann: »Er kann nur darauf hinfahren und steuern, mit mehr oder weniger Erfolg und Geschick, kann Schiffbruch leiden und stranden und zu guten Häfen kommen.«

Gemessen an dieser fast demütig klingenden Selbsteinschätzung hat Helmut Kohl in seinen Regierungsjahren der jähen Wechsel und schroffen Umbrüche mehr Erfolge erzielt, als ihm selbst seine Freunde zugetraut hätten.

Dass Kohl gehandelt hat, als die Mauer gefallen war, bleibt sein Verdienst. Auch hätte er manches falscher machen können. Doch wären die Irritationen über die tatsächliche Bedeutung des »Kanzlers der Einheit« und des »Baumeisters des Hauses Europa« sicher geringer, fehlten Kohl nicht – wie sein Biograph Alexander Gauland vermerkt – nahezu alle »subjektiven Merkmale der historischen Größe«. Helmut Kohl begann und endete als ein deutscher Provinzler, ein Großmeister der Kleinbürger in einer idyllischen Republik. Nein, Bonn wurde nicht Weimar, Bonn blieb Kohl. Das machte diesen Kanzler und seinen Staat verlässlich und unbedrohlich nach außen; träge, banal, korrumpierbar und unpolitisch nach innen.

Seine Einschätzung formulierte Gauland, bevor die Parteispendenaffäre aufbrach. Seither handelte Kohl so, als wollte er selbst die Belege für alle Zweifel nachliefern. Geändert hat sich aber nur noch einmal sein öffentliches Bild. Dass er ist, wie er immer war, hat Helmut Kohl oft genug wiederholt. Tatsächlich ist das die auffälligste Konstante im Achterbahnleben des Mannes aus Oggersheim: Während er als Mensch und Politiker auf bemerkenswerte Weise unwandelbar erscheint – ein Wunder an Stabilität und ein Alptraum an Selbstgerechtigkeit –, oszillierte die öffentliche Bewertung in schrillem Wechsel.

Dass sich Helmut Kohl aber zu verschiedenen Zeiten, unter sich wandelnden politischen und gesellschaftlichen Umständen und an wechselnden Punkten seiner Karriere verändert hätte, ist eine optische Täuschung. Es war immer nur die Beleuchtung, die gewechselt hatte, wenn ein »neuer Kohl« auf der Bildfläche aufzutauchen schien.

So lange er im Amt war, wechselten die Einschätzungen nacheinander. Unterschiedliche Umstände ließen unterschiedliche Eigenheiten hervortreten. Die protokollarischen und politischen Rituale überdeckten den immer vorhandenen immensen Abstand zwischen historischem Ruf und menschlichen Mängeln, grandiosen Ansprüchen und kleinlichen Gelüsten, pathetischem Gebaren und provinzieller Enge. Doch knapp drei Jahre nach seiner Abwahl war unübersehbar, wie sehr Helmut Kohl der institutionelle Rahmen fehlte. Plötzlich standen die unterschiedlichsten Kohl-Bilder in krasser Widersprüchlichkeit nebeneinander.

Noch immer gab er den ehemaligen Staatsmann, der in New York auftrat, als sei er der Präsident der Vereinigten Staaten von Europa.

Erbarmungslos achtete er als rachsüchtiger Parteiboss darauf, ja keine Gelegenheit zu verpassen, seinem Ex-Freund Schäuble Knüppel vor den Rollstuhl zu werfen und seine frühere Schülerin Angela Merkel zu schmähen.

Als triumphierender Rechthaber zog er von Gericht zu Gericht, um mit formalen Einsprüchen Zweifel an der Korrektheit seiner Amtsführung abzuwehren.

Und immer noch ist da der einfache Abgeordnete Kohl, wie er gern sagt, jener bonbonlutschende Koloss, der im Berliner Reichstag thront, als habe einer vergessen, ihm zu sagen, dass der Vorhang längst gefallen ist für das Stück, das Bonner Republik hieß.

Alle diese Kohls kämpften mit einer Verbissenheit »um ein faires Urteil« über seinen Beitrag in der Politik, die gerade dieses Urteil unmöglich machte. Seine publizistischen Freunde in der »Frankfurter Allgemeinen Zeitung« hatten schon früher den Eindruck gewonnen, »dass Kohl sich in der Welt, in die er nun, nach dem Abschied von der Macht und nach dem Jubeljahr 1999, geraten ist, nicht mehr zurechtfindet. Das gilt für die Politik wie für deren Transporteure, die Medien. Zwar hat Kohl noch die alten Reflexe und Instinkte, aber in der veränderten Lage wirken sie nicht mehr wie einst.«

Dann ist er plötzlich auch noch Witwer, verlor mit seiner Frau, die durch Selbstmord aus dem Leben schied, die vielleicht letzte verlässliche Anbindung an die Realität.

Hannelore Kohl starb ohne Lebensmut in ihrem Bungalow in Oggersheim, der einem Bunker glich, seit sie wegen einer schmerzhaften Lichtallergie alle Fenster verdunkeln musste. Helmut Kohl war in Berlin, ihm war es unerträglich geworden daheim. Vor Fraktionskollegen, die sich auf ihr Wochenende freuten, klagte er, wie gut sie es hätten.

Hannelore Kohl war 68 Jahre alt, 53 davon hatte sie an seiner Seite verbracht, 41 als Ehefrau. Am Ende war sie ganz allein. Sie adressierte ihre Abschiedsbriefe, als der Altkanzler seinen Sieg über die Gauck-Behörde feierte, am Mittwoch, dem 4. Juli 2001, zwischen 22 und 23 Uhr.

Helmut Kohl ahnte nichts, als er am nächsten Morgen zwischen acht und neun Uhr aufgekratzt seinen langjährigen Vertrauten Eduard Ackermann anrief: »Ackermann, was schreiben die Zeitungen?« Kohls erblindeter Ex-Presseberater war auf die Anfrage seines früheren Chefs vorbereitet. Jeden Morgen lässt er sich aus den Zeitungen alle Meldungen und Kommentare vorlesen, in denen Helmut Kohl vorkommt. Inhalt und Trends referiert er »dem Alten« dann am Telefon.

Mit dem Echo auf den Gerichtsentscheid, dass seine Akten nicht öffentlich gemacht werden dürfen, war Kohl hoch zufrieden. Er habe das Telefongespräch mit dem Satz beendet: »Prima, ich gehe jetzt ins Plenum.«

Dann kam um 12.37 Uhr als »Eil«-Meldung die Todesnachricht von dpa. Erschüttert reiste der Altkanzler, der aus dem Plenum des Bundestags gerufen worden war, nach Oggersheim. Er wirkte wie versteinert. Der Schock, glaubt der getreue Ede Ackermann, der die Ehe seines Chefs seit Jahrzehnten mit aufmerksamer Besorgnis verfolgte, werde Kohl zu schaffen machen: »Ich glaube, das geht ihm schwer aufs Gemüt. Wenn sie an einer normalen Krankheit gestorben wäre, das wäre auch schlimm. Aber leichter für ihn zu ertragen. Ich weiß nicht, wie der Alte das verkraftet.«

Dass er aussteigen könnte, alles hinschmeißen, ist nach diesem Schicksalsschlag noch undenkbarer geworden. Hannelore Kohl hatte ihre Schreibmaschine herausgeholt, wenn »der Meister« doch einmal heimkam in letzter Zeit. Sie tippte seine Memoiren. Die will und muss er jetzt allein vollenden. Und wer Helmut Kohl bei der Trauerfeier im Dom zu Speyer hinter dem Sarg seiner Frau schreiten sah, der wusste – wie es Arno Widmann in der »Berliner Zeitung« schrieb –, dass dieser Mann niemals aufgeben würde: »Und wenn Hannelore Kohls Freitod ihrem Mann den Kopf abgeschlagen hätte, er würde wie Störtebecker weitergehen, um es allen zu zeigen. Er würde niemals zulassen, dass jemand - schon gar nicht er selbst - auf die Idee kommen könnte, da wäre ihm etwas misslungen, womöglich das Ganze.«

Was bleibt?

Sicher ist, dass Helmut Kohl weder als jener mafiöse Großkriminelle im Gedächtnis der Deutschen überleben wird, zu dem er sich durch die Kritik an seinen Machtgebaren gestempelt sieht, noch als der unerschrockene Retter der deutschen Einheit, die von den Linken verraten werden sollte, wie er sich mit aufdringlichem Rechtgehabthabenwollen selbst anpreist.

Die Manipulationen von Parteikonten, Akten-Archiven und Geschichtsbüchern werden – so viel darf man vermuten – ihm anhängen. Aber der Trend geht, sei es aus allgemeiner Skandalmüdigkeit, sei es, weil Kohl sich letztlich nicht viel anders verhalten hat, als die Mehrheit von ihren Politikern erwartet, in Richtung Schluss-Strich. Staatsanwaltschaften, Gerichte, das Parlament, die CDU-Führung, die Wähler und die Medien – alle schienen nach schon einem Jahr hektischer Erregung und immer neuen Ungereimtheiten des Themas müde. Die einen waren den Kohl leid, den anderen tat er leid.

War er nicht schon genug gestraft? Durch die »persönlich herabwürdigenden Angriffe« in den Medien getroffen? Das glaubte jedenfalls die Wirtschaftskammer des Bonner Landgerichtes verlautbaren zu müssen, als sie das Verfahren gegen den Altbundeskanzler einstellte, das den Vorwurf der Untreue gegenüber seiner eigenen Partei untersuchen sollte. Gegen Zahlung von 300 000 Mark gilt er weiter als unschuldig.

Wenig später stellte die Bonner Staatsanwaltschaft auch das Ermittlungsverfahren wegen des skandalösen Daten- und Aktenschwunds ein, der dem Machtwechsel im Kanzleramt vorausging.

Bei den von Spöttern so genannten Bundeslöschtagen waren Ende 1998 zwei Drittel aller Daten im Kanzleramt verschwunden, dazu meterweise Akten und Archivmaterial. Es müsse in Kohls Regierungszentrale vor der Übergabe an die rotgrüne Truppe eine Stimmung geherrscht haben, »als stünden die Russen vor der Tür«, staunte der von Bundeskanzler Schröder eingesetzte »Sonderermittler«, der liberale Abgeordnete Burkhard Hirsch. Dass – wie zufällig – der größte Teil jener Unterlagen fehlte, die den Verdacht der Käuflichkeit und der Bestechlichkeit des Kanzlers Kohl und seiner Getreuen hätte erhellen können, erstaunte den gewieften Skeptiker Hirsch schon viel weniger – Hinweise auf die Eisenbahnerwohnungen, Leuna, Fuchs-Panzer, Airbus, waren weg, samt Such- und Findesystem im Computer. Ein »öffentliches Interesse« daran, diese Tatbestände aufzuklären, konnten die Staatsanwälte in Bonn nicht erkennen.

Und schließlich hat ein Berliner Verwaltungsgericht eben auch entschieden, dass das früher Gauck-Behörde genannte Amt, das jetzt unter Leitung von Marianne Birthler die Stasi-Unterlagen verwahrt und zur Aufarbeitung an Wissenschaftler und Journalisten freigibt, die Akten des Altkanzlers Helmut Kohl nicht herausgeben darf. Ganz so, wie er es gewünscht hatte. Kohl sei zwar »Person der Zeitgeschichte«, insofern ein legitimes Ziel öffentlicher Aufklärung, zugleich aber auch »Betroffener« – ausgespäht, abgehört und mitgelesen von Erich Mielkes Schnüfflern – und somit als »Opfer« zu schützen, beschied das Gericht.

Dass zuvor, von Willy Brandt bis Helmut Schmidt und ungezählten Promis aus der früheren DDR, Unterlagen veröffentlicht wurden, sofern nicht ihre Privatsphäre berührt war, beeindruckte das Gericht nicht. »Die jahrelange Praxis ist für die rechtliche Beurteilung irrelevant«, befand Richter Volker Martkworth. Kohls Anwalt Stephan Holthoff-Pförtner hatte argumentiert, der Ex-Kanzler beanspruche nur die Rechte, die jedem anderen Opfer des SED-Regimes auch zustehen.

Waren das nun alles Kohl-Siege? Juristisch vielleicht, wenn auch Kritiker wie der Freiburger Politikwissenschaftler Wilhelm Hennis der Justiz einen »Rückfall in groteskes, wilhelminisch-obrigkeitsstaatliches Juristendenken« bescheinigte. Bei der Kölner Generalstaatsanwaltschaft reichte er eine förmliche Beschwerde ein, über 9000 Bundesbürger schlossen sich dieser Beschwerde bis Mai 2001 an. Schröders Kanzleramt forderte ernsthafte Ermittlungen. Auch der Streit um die Stasi-Akten geht weiter.

Dass der Untersuchungsausschuss des Parlaments, der weiter tagt, die Zwielichtigkeiten um zu viele Spenden und zu wenige Akten und Daten aufklären oder gar ahnden wird, bevor Helmut Kohl im Jahre 2002 endgültig aus dem Deutschen Bundestag ausscheidet, erwartet im Ernst niemand. Politisch schwelt die Affäre aber fort. Und mit jedem öffentlichen Auftritt vergrößert der halsstarrige alte Mann die bizarre Kluft zwischen seiner hochfahrenden Kanzler-Attitüde und den Schäbigkeiten, die ihm vorgehalten und nachgetragen werden.

Als der Altkanzler auf Einladung der CDU-Fraktion im sachsen-anhaltinischen Landtag im Mai 2001 im Kulturhaus von Leuna wieder einmal über »aufblühende und blühende Landschaften« schwadronierte, wollte er eigentlich nur daran erinnern, dass er gehalten habe, was er zehn Jahre vorher versprach: »Ich werde alles tun, dass dieses Chemie-Dreieck erhalten bleibt.«

Doch der Argwohn hört immer mit: »Alles«? Was mag Kohl meinen, wenn er »alles« sagt? Der Verdacht, diese Formulierung enthalte einen Hinweis auf kriminelle Vorgänge, stellte sich zwangsläufig ein. Gewiss, heute sind noch 9500 von damals 30000 Arbeitsplätzen in Leuna vorhanden, der französische Konzern Elf Aquitaine hat die Erdölraffinerie übernommen und modernisiert. Dass aber bei dieser Transaktion Schmiergelder in Höhe von 80 Millionen Mark nach Deutschland geflossen sind, haben Manager des Konzerns bestätigt. An wen? Auch an die Regierung Kohl? Oder gar an den Kanzler und CDU-Vorsitzenden selbst?

»Verleumdung«, »völlig absurd«, »frei erfunden« – Helmut Kohl hatte die Schmiergeld-Vorwürfe schon zuvor mehrfach als »falsch und unwahr« zurückgewiesen: Bei seinem Besuch in Leuna gab er sich besonders fröhlich und amüsiert angesichts einer zu erwartenden neuerlichen Vernehmung vor dem Untersuchungsausschuss des Bundestages. Was, höhnte Kohl, habe einer wie er schon zu befürchten von Parlamentariern, »die sich in Berlin in bestimmten Ausschüssen zusammenrotten?« Bereits seine bloße Existenz sei

»für die störend«. Niemand sei bestochen worden, Punktum, »und ich schon gar nicht«. Ein Arbeiter rief kraftvoll dazwischen: »Helmut, du bist der Größte.«

Aber hatte nicht der frühere Elf Aquitaine-Präsident Loik Le Floch-Prigent in Paris ausgesagt, Kohl habe ihm 1992 in einem vertraulichen Gespräch Subventionen in Aussicht gestellt? Ob es ein solches Gespräch gegeben habe, wollte ein Reporter wissen. »Ich habe nie gesagt, dass ich mit dem Mann nicht gesprochen habe«, antwortete Kohl, »ich habe nur gesagt, ich habe keinerlei Erinnerungen.«

Im Übrigen sei, was der Elf-Chef zu Protokoll gegeben habe, »völlig in Ordnung«. Nur die »rotgrünen Freunde« in Berlin und Teile der Medien würden daraus gleich wieder eine Staatsaffäre stricken. Es sei schließlich als Bundeskanzler sein Job gewesen, sich um Investoren für die neuen Länder zu bemühen. Wo also wäre die »sensationelle Neuigkeit«?

Dass die Angelegenheit auf höchster Ebene behandelt wurde, steht fest. Frankreichs damaliger Staatspräsident François Mitterrand selbst habe den Kauf der Leuna-Raffinerie – für den der Bundeskanzler in Paris interveniert hatte – befürwortet, »weil er glaubt, dass dies nützlich für Frankreich sei«, hat Ex-Außenminister Roland Dumas bestätigt. In einem Interview mit der Zeitung »Le Figaro« sagte der 78-jährige Dumas drei Wochen nach seiner Verurteilung wegen Veruntreuung von Unternehmensvermögen des Elf Aquitaine-Konzerns im Juni 2001: »Mitterrand hat das ganze Projekt unterschrieben, die Kommissionszahlungen vielleicht eingeschlossen.« In Klardeutsch heißen »Kommissionszahlungen« Schmiergelder.

Mitterrand habe ihm oft gesagt, erklärte Dumas weiter: »Europa entsteht um Frankreich und Deutschland herum. Ich habe Vertrauen zu Kohl. Ich weiß nicht, wer nach ihm kommt.« Dumas fügte hinzu: »Das Interesse gebot es also, Kohl zu helfen, und das ist wahrscheinlich auch geschehen.«

Einer, der es genauer wissen müsste – der deutsche Elf-Lobbyist und einstige Vertraute von Franz Josef Strauß, Dieter Holzer, 59 –, verweigerte vor dem Berliner Untersuchungsausschuss jede Aussage, da die Staatsanwaltschaft gegen ihn ermittle. Journalisten erklärte der Geschäftsmann, auf dessen Konten insgesamt 50 Millionen Mark von Elf Aquitaine entdeckt wurden, er kenne Helmut Kohl nicht persönlich, habe nie mit ihm über Leuna gesprochen und ihm »nie Geld gegeben«. Seine 50 Millionen Mark vom Konzern bezeichnete er als durchaus angemessene Provision für seine Makler-Tätigkeit bei der Leuna-Privatisierung.

Auch an andere deutsche Politiker habe er kein Geld gezahlt. Im Übrigen, sagte Holzer Journalisten, die ihn vor der Tür des Bundestags-Ausschusses im Berliner Reichstag befragten, habe er nicht die Absicht, sich am »Schauspiel« des parlamentarischen Untersuchungsausschusses zu beteiligen, der »nichts anderes im Sinn hat, als die historische Leistung von Helmut Kohl herabzuwürdigen«.

Das hätte der Altkanzler selbst nicht schöner ausdrücken können – kurz, knapp und kränkend. Kein Wunder, dass der Ausschussvorsitzende Volker Neumann (SPD) über die »Missachtung des Parlaments« grollte. Folgenlos: Der Ausschuss tagte weiter, voraussehbar ohne einen anderen Erfolg als den, dass die CDU bis zur Wahl 2002 unter Rechtfertigungsdruck bleibt.

Dafür sorgte aber nicht nur Helmut Kohl. Im April 2001 tauchte plötzlich wieder eine Million Mark auf, die es eigentlich gar nicht geben durfte. Ex-Schatzmeister Walther Leisler Kiep wußte – als er sie offenbar versehentlich auf seinem Konto entdeckte – angeblich weder, wie noch von wem sie vor neun Jahren dorthin geraten waren. Also überwies er sie an seine Partei.

Eine Million! Von Kiep! Allein Summe und Name hätten im Berliner CDU-Haus am Tiergarten alle Alarmsignale aufleuchten lassen müssen. Doch die Vorsitzende Angela Merkel und ihr Stab verschliefen oder vertuschten die neue Absonderlichkeit, von der sie ausgerechnet vier Tage vor der Landtagswahl in Baden-Württemberg und Rheinland-Pfalz erfuhren.

Der Rest lief, als regele »der Alte« sein System noch eigenhändig: Die Parteichefin strich die zweifelhafte Überweisung ein, beschwieg sie wochenlang und zeigte, kaum ertappt, mit dem Finger auf Kiep. Ein Einzelner sollte schuld sein, wo in Wahrheit das System Kohl weiterlief. Um ihr Selbstbild zu retten, versuchte die CDU, die Affäre zu privatisieren.

Wo war jene Angela Merkel, die im Dezember 1999 als Geschäftsführerin die Emanzipation der Partei von ihrem überlebensgroßen Vorsitzenden gefordert hatte? Dies war nicht einmal mehr die schon wesentlich kleinlautere CDU-Vorsitzende, die nach den ersten großspurigen Auftritten ihres Ex-Chefs vor dem Untersuchungsausschuss des Bundestages aber immerhin noch beharrte: »Die Zeit des aktiven Politikers Helmut Kohl ist vorbei.«

Nichts mehr davon. Diese taktierende, konfuse Angela Merkel war das paradoxe Ergebnis ihres Versuches, den Altkanzler »in die große CDU-Familie« zurückzuholen: Er hatte »das Mädchen« wieder im Griff.

Nun praktizierte die neue Vorsitzende, was sie zehn Jahre lang als gelehrige, wenn auch zumeist ironisch distanzierte Ministerin beim »Alten« studieren durfte. Wie man sich den Stimmungen der Flügel, Lager und Seilschaften in der Union geschmeidig anpaßt, um sie zu beherrschen.

Aber während sie zu glauben schien, diese Methode erfolgreich zu benutzen, hatte in Wahrheit die Methode sie überwältigt: Angela Merkel begann über die Sozialdemokratie in ähnlichen drastischen Freund-Feind-Formulierungen zu wettern wie einst Helmut Kohl. Sie billigte das Verbrecher-Plakat des Kanzlers Schröder, das politische Gegnerschaft in einen Kriegszustand zu überführen versuchte. Und ganz im Sinne ihres alten Chefs erklärte sie zur Kiep-Million: »Das, was wir jetzt erleben, sind die Auswirkungen einer Spendenaffäre, die von anderen verursacht wurde und die wir weitgehend aufgeklärt haben.« Schluss. Aus. Feierabend, hätte Kohl hinzugefügt.

Der tat indessen, als habe er wirklich alles hinter sich. Im Berliner Reichstag posierte er mit Besuchern, als sei er vor Gericht nicht vor allem wegen einer »völlig unklaren« Rechtslage davongekommen, sondern weil die Gerichte wahre Größe zu würdigen wüßten. Hatte nicht der Bonner Einstellungsbeschluss Kohls »über 50 Jahre währendes Engagement für die staatliche Gemeinschaft auf allen Ebenen der Politik« ausdrücklich gepriesen?

»Mit Helmut Kohl ging's uns wohl« behaupteten die Helmut-Fans auf einem Großplakat, als der Altkanzler im März 2001 im Kölner Gürzenich zum 125. Geburtstag Konrad Adenauers redete.

1500 rheinische Unionschristen jubelten ihm zu. »Echte Fründe ston zesamme« stand über dem Podium.

Vermutlich ist das der Beitrag seiner 16-jährigen Regierungszeit, der innenpolitisch und gesellschaftlich am nachhaltigsten – und am verheerendsten – weiterwirkt: Dass es Helmut Kohl gelungen ist, den Deutschen den Triumph seines »persönlichen Systems« über die demokratischen Institutionen zuzumuten, den Vorrang seines »Ehrenworts« vor Recht und Gesetz, ohne dass sich seine Anhänger und ein großer Teil der Öffentlichkeit empörten oder abwendeten.

Es mag so sein, wie Helmut Kohl nicht müde wird zu beteuern: dass er sich persönlich nicht bereichert hat. Tatsächlich ist der Pfälzer ein Mensch geblieben, der schlichte Ansprüche an das Leben stellt. Der Urlauber vom Wolfgangsee, der Brot backte und Kühe fütterte für Fernsehschnulzen, war sich selbst immer näher als der posierende Staatsmann.

Aber darum ist es in Wahrheit ja auch nie gegangen.

»Nicht, dass der ehemalige Bundeskanzler und CDU-Vorsitzende korrupt, sondern dass sein Handeln korrumpierend sein könnte, war der springende Punkt der so genannten Spendenaffäre«, hat der Berliner Politikwissenschaftler Herfried Münkler herausgearbeitet. Systematisch habe Kohl in seiner Verteidigungsstrategie diesen Begriff vertauscht.

Dass nachzuweisen wäre, der CDU-Bundeskanzler habe politisch Entscheidungen direkt gegen Geldspenden für die Union getroffen – den Verkauf der Leuna-Werke an den französischen Konzern Elf Aquitaine oder von 3100 Eisenbahnerwohnungen an ein Konsortium um die Hamburger Kaufleute Ingrid und Karl Ehlerding – hielten die Juristen für unwahrscheinlich. Deshalb die Verfahrenseinstellungen. Auch dem parlamentarischen Untersuchungsausschuss, dessen Mandat und Aufklärungsinteresse ohnehin begrenzt ist, traut niemand einen solchen Beweis zu. Nicht zuletzt deshalb, weil Filz und Seilschaften ja keineswegs nur in der CDU zu Hause sind. »Zu glauben, wenn die einen Parteien die anderen untersuchen, dann täten sie das in unbestechlicher Unbefangenheit, das« – spottete der einstige Bundestagsabgeordnete und Europa-Parlamentarier der Bündnis-Grünen, der

Kirchenrechtler Wolfgang Ullmann – »ist doch wohl eine Naivität, zu der nur das von keiner Selbstkritik getrübte Parteisoldatentum fähig ist«.

Nein, nicht um diese direkte Form von Bestechlichkeit ging es, sondern um die Verderbung der politischen Sitten durch Kohls illegales System von Geldbeschaffung und Geldverteilung. Durch Sonderzuwendungen an willfährige Parteigliederungen habe der frühere CDU-Chef innerparteiliche Widersacher und Konkurrenten kaltgestellt und sich damit eine »gemütliche Form des Machterhalts« gesichert, schrieb Münkler in der »Frankfurter Allgemeiner Zeitung«.

Korrumpierend war Kohls Politik aber nicht nur für die innerparteilichen Entscheidungsprozesse der CDU, sondern darüber hinaus »für die ganze Verfassungsordnung der Bundesrepublik, in der das Zusammenspiel von Instanzen und Kompetenzen mehr und mehr durch ein Geflecht von Freundschaften, Abhängigkeiten und Protektionen, also durch eine in der Verfassung nicht vorgesehene Form der Vertrauensbildung unterlaufen worden ist.«

Auch so lässt sich also das System Kohl beschreiben: Als eine biedermännische Form von Spätwilhelminismus, die das Harmoniebedürfnis der unpolitischen Mehrheit hätschelte und ausbeutete. Diskurs? Argumentation? Konkurrenz der Ideen? Helmut Kohl hat das Land gründlich entpolitisiert. Durch seine Bonner Republik, spottet der Bielefelder Philosoph Karl Heinz Bohrer, sei – »wie ein Bratenduft« – immer ein Karneval der Gefühligkeit gezogen. »Es war die dumme Epoche«, werde man später einmal sagen, glaubt Bohrer – ein Rückfall ins Vormodern-Feudale, Verdruckst-Familiäre, Abgeduckt-Heimliche, Dumm-Sture, »die Herrschaft der Provinz«.

Es bedarf schon eines besonderen Sinns für schwarzen Humor, um in diesem System Kohl – wie es der frühere Hauptabteilungsleiter Politik in der CDU-Zentrale und heutige Publizist Warnfried Dettling sarkastisch formuliert – einen großen Fortschritt gegenüber dem vergangenen Jahrhundert zu erkennen. Der besteht laut Dettling darin, »dass die Unterwerfungsbereitschaft, dieser vorauseilende Gehorsam, diese unsägliche Fähigkeit von manchen Menschen, sich nur noch auf der eigenen Schleimspur nach vorne zu bewegen, in der ersten Hälfte des Jahrhunderts in Stiefel und Pickelhauben daherkamen und jetzt in Filzlatschen, Strickwesten und auf eine fast zivilgesellschaftliche Weise.«

Helmut Kohl pflegte auf intellektuelle Angriffe dieser Art – obwohl sie ihn vermutlich tiefer gekränkt haben, als er sich anmerken ließ – nur mit Hohn und Spott zu reagieren: Die Hunde bellen, die Karawane zieht weiter. Mochten sie ihn doch schmähen, in Wahrheit war das eine Art Amtshilfe. Schließlich dachte und fühlte er wie die Menschen draußen im Lande.

Deshalb war auch die Unterwerfungsbereitschaft der deutschen Biederwähler, wie ihr Ex-Kanzler zu sagen liebte, »keine Einbahnstraße«. Auch der Kanzler unterwarf sich. Er erspürte vorauseilend das Bedürfnis seiner selbstzufriedenen Bundesbürger nach Bequemlichkeit und Sicherheit und hütete sich, ihnen – mit Ausnahme des Euro – viel zuzumuten. Schon gar nicht verstörende Wahrheiten über das Ende der Bonner Idylle.

Überfällige programmatische Neuerungen – von der Rentenversicherung bis zur Reform des Gesundheitssystems, vom Umweltschutz über Fragen der Einwanderung und der Überalterung der Gesellschaft – ließ Helmut Kohl allenfalls als Wahlprogramme verbreiten. So entstand in den 16 Jahren seiner Regierungszeit nicht nur ein gewaltiger Reformstau. Auch die eigentümliche Unschärfe und Konturenlosigkeit der »Ära Kohl« hat hier ihre Hauptursache. Was wäre uns denn in Erinnerung geblieben an Gedanken und Plänen des Kanzlers Kohl, hätte ihm nicht die Geschichte geholfen? Bei Kohl wurde aus der Parteienherrschaft als politischem Mittel ein Zweck: Die Macht war das Ziel, die Inhalte blieben beliebig. Wann immer andere Kategorien ins Spiel kamen als parteipolitische, geriet Helmut Kohl in Schwierigkeiten.

Doch war andererseits gerade diese konzeptionelle Leere im Kopf des Staates eines der Erfolgsgeheimnisse des Amtsinhabers. Das Bild »des Dicken« oder »des Alten«, wie er in Bonn genannt wurde, blieb das eines Menschen wie du und ich, nur ein paar Formate größer und gewichtiger. Die mächtige Figur des Kanzlers bot sich in ihrer überdurchschnittlichen Durchschnittlichkeit den Bürgern als Projektionsfläche an, auf der sie ihre eigenen Ängste und Wünsche abbilden konnte.

Die waren, als die »Ära Kohl« begann, von simpler Art – absahnen und sich raushalten, hieß das Motto, die moderne Version von »keine Experimente«. Politik war nach den wilden 60er- und den bleiernen 70er-Jahren, nach außerparlamentarischer Opposition und Friedensbewegung nicht mehr »in«. Konsum und Spiele, Geselligkeit mit Freunden und Reisen – alles, was Helmut Kohl vorlebte, galt auch im Volk als »vernünftig«.

Als er 16 Jahre später aufhörte, war es nicht viel anders geworden, nur die wirtschaftlichen Voraussetzungen hatten sich verschlechtert. Und 16 Millionen neue Deutsche waren im Osten hinzugekommen. Die nahm Kohl – schon aus Wahlgründen – ernster, als es die Mehrzahl seiner westdeutschen Mitbürger tat. Dass er jedoch den »Freizeitpark« Deutschland, den er gegen Ende seiner Amtszeit furios selbst beklagte, mitbegründet und propagiert hatte, das sah Helmut Kohl längst nicht mehr.

Nun ist der einfache Abgeordnete Kohl, der sich schon als Kanzler überlebt hatte, endgültig zu einer unzeitgemäßen Figur geworden. Sein rücksichtsloser Eingriff in das Krisenmanagement der CDU nach dem Diepgen-Sturz in Berlin belustigte nicht nur seine Gegner, es schockierte auch seine Freunde. Mochte der ewige »Parteisoldat Kohl« in den Springer-Zeitungen auch noch einmal wie zu Zeiten des Kalten Krieges gefeiert werden als Held, der die rote Apokalypse verhindern will – 78 Prozent der Bundesbürger fänden seine Wahlkampf-Auftritte verzichtbar. Selbst bei den eigenen Anhängern lobten nur 36 Prozent Kohls Berlin-Initiative.

Der Grüne Außenminister Joschka Fischer, einst ein heimlicher Bewunderer des Machtprofis Kohl, höhnte: »Wenn ich jetzt sehe, wie Kohl mit dem Tremolo des kältesten Kalten Krieges aus der Versenkung auftaucht und meint, er könne weitermachen bei der politischen Kannibalisierung seiner Nachfolger in der CDU, dann soll er das mal tun«. Tatsächlich hatte der geschasste Ehrenvorsitzende die Union einmal mehr am Durchstarten gehindert. Dem von Rachegefühlen beflügelten Mann kam die Berliner Schäuble-Kandidatur gerade recht.

Noch ehe die CDU-Führung aus dem Bund und aus Berlin sich auf dessen Berufung für das Amt des Regierenden Bürgermeisters einigen konnten, hatte Kohl den jungen Frank Steffel zu seinem

Berliner Lieblingsitaliener »Capriccio« im Grunewald eingeladen und gegen seinen Intimfeind in Stellung gebracht: »Frank, Sie müssen das machen.« Falls Schäuble kandidiere, hieß es im Berliner Landesvorstand, habe Kohl sogar gedroht, den ehemaligen Weggefährten mit Hilfe des Medienzars Leo Kirch und des »B.Z.«-Chefredakteurs Georg Gafron niederzumachen.

Das reichte. Schäuble zog zurück, Steffel trat an. Helmut Kohl triumphierte. Gestärkt durch die Niederlagen und Schwächen seiner Nachfolger (»die können es nicht«), bestellte er Fernsehteams vor den Fraktionssaal der Union in den Reichstag. Sich selbst als »altes Schlachtross« preisend, wärmte der Altkanzler hektisch den Kalten Krieg gegen die Kommunisten auf: »Viele Jahre hatte ich ein Büro im Reichstag. Da sah ich die Wachtürme, die Kreuze der Erschossenen. Wenn mir damals jemand gesagt hätte, einige Jahre später wird ein Herr Gysi auftreten und sagen, er weiß nicht was er will, aber Regierender Bürgermeister wäre denkbar, da kann ich nur sagen: Was ist aus den Sozialdemokraten geworden? Ich müsste doch mein Leben umsonst gelebt haben, wenn ich in der Ecke sitzen und sagen würde: Ich bin ein Oldtimer, geht mich nichts an. Mich geht das an. Das ist Teil meines Lebens.«

Konsterniert lauschten die Journalisten diesen befremdlichen Ausbruch. Kohls Image reichte noch immer, um Presseleute in Scharen anzulocken, während gleichzeitig der Union-Fraktionsvorsitzende Merz mit seinem Stellvertreter Michael Glos von der CSU die Hoffnung Steffel vorstellte. Die waren stocksauer. Eine »bodenlose Unverschämtheit« sei es, wie Kohl den anderen die Show gestohlen habe, schimpften selbst treue Fans des Altkanzlers. »Der Mann«, sagte Wolfgang Schäube und meinte Kohl, »der Mann macht es seiner Partei immer schwerer.« Sein Verhalten habe schon »tragische Züge«.

So wie sich die Bonner Republik im Windschatten der Geschichte, in dem beide deutsche Teilstaaten nach der Hitler-Barbarei Zuflucht gesucht hatten, der harten Wirklichkeit entwöhnte und sich einen langen Urlaub von der Weltpolitik leistete, so ist »der Alte« aus Oggersheim inzwischen Teil einer grassierenden BRD-Nostalgie geworden. Dass schon ein gewichtiger Schauspieler gesucht wird, der Helmut Kohl in einem großen Fernsehfilm über sein Leben »zwischen regionaler Prägung und europäischer Vision« darstellen soll, passt ins Bild.

»Die schnulzige Verklärung der Bundesrepublik ist brisanter als die viel bejammerte DDR-Nostalgie«, findet der Historiker Christian Meier. »Denn sie bezieht sich eben nicht auf einen Staat, der untergegangen, sondern, was die Sache schlimmer macht, auf einen, der vermeintlich noch da, in Wirklichkeit aber schon im Dahinschwinden begriffen ist.«

Alles scheint neu zur Debatte zu stehen, seit Regierung und Parlament nach Berlin umgezogen sind, die Zeit läuft schneller als die Wahrnehmung folgen kann. Vertraute Auffassungen greifen nicht mehr, Maßstäbe, Urteile, Erwartungen verlieren ihre bewährte Verbindlichkeit, im Westen wie im Osten. Die Interessen wachsen auseinander, das Gemeinsame wird weniger. Alles hat ein unheimliches Maß an Vorläufigkeit angenommen. Meier, der als Alt-Historiker einen geschulten Blick für Gefahren von Umbruchszeiten hat, warnt: Die Gefahr sei groß, dass die Deutschen sich in dieser Situation in Nostalgien flüchten »und nicht zuletzt dadurch dazu beitragen, die Gegenwart zu verfehlen«.

Wirkte nicht Helmut Kohl, als er im Sommer 2001 in Istanbul glanzvoll – mit 60 Köchen – die Hochzeit seines Sohnes Peter, 35, mit Elif Sözen, 31, Tochter eines türkischen Großunternehmers, ausrichten ließ und tränenfroh zelebrierte, schon wie eine Figur aus »Tausend-und-einer-Nacht«?

Nun lieben auch die Türken den großen Deutschen, den sie, als er Kanzler war, in Verdacht hatten, »dass er ihnen die Annäherung an die Europäische Union verbauen wollte«. Die Feindseligkeit am Bosporus war aber zu Kohls Amtszeiten eine Ausnahme. Denn im Ausland weckte dieser deutsche Biedermann keine Ängste und – mit Ausnahme von Margret Thatcher – keine Aggressionen. Im Gegenteil: Dass er stets versuchte, Politik auf ein persönliches, fast privates Vertrauensverhältnis zwischen den Regierenden zu reduzieren, erwies sich während der weltpolitischen Turbulenzen als ungemein hilfreich: je unübersichtlicher die Lage, je vielfältiger die Informationen, desto wichtiger die Verlässlichkeit der Informanten.

Entscheidend war vor allem, dass die Staatsmänner der Welt auch

Helmut Kohl für verlässlich hielten. Einen neuen Nationalismus, eine neue deutsche Großmannssucht, musste mit Kohl auch nach der Wiedervereinigung niemand befürchten. Unvergesslich eine Szene zum 50. Jahrestag der Beendigung des 2. Weltkrieges in Paris. Im Gefolge des gravitätisch voranschreitenden französischen Präsidenten François Mitterand marschierten Staatschefs und Könige aus vielen Ländern am 8. Mai 1995 zum Grabmal des Unbekannten Soldaten. Das feierliche Zeremoniell nötigte ihnen wie von selbst einen militärischen Takt auf. Nur am hinteren Rand passten zwei Figuren überhaupt nicht ins Bild – da schlurften der deutsche Bundespräsident Roman Herzog und Kanzler Helmut Kohl nebenher, beide habituell unfähig zum schneidigen Schritt.

Nein, so unmilitaristisch und unauftrumpfend, wie dieser Kanzler Deutschland vertrat, erschien es auch im Großformat nicht gefährlich. Kohl war, wie es der Philosoph Jürgen Habermas ausdrückte, »die verkörperte Entwarnung und hätte einen Heine nicht um den Schlaf gebracht«.

Vielleicht gelang Helmut Kohl die Vereinigung überhaupt nur, weil sie nicht sein Hauptziel war. Die Biografie des Grenzländers Kohl, seine politische Lebensleistung und – deckungsgleich damit – die Entwicklungslogik der Bundesrepublik: Alles machte seine Versicherung glaubhaft, dass auch das vereinigte Deutschland keinen neuen nationalen Sonderweg plane. Die Europäische Union und das transatlantische Bündnis mit Amerika blieben seine wichtigsten politischen Aufgaben, ganz wie bei Konrad Adenauer.

In seiner ersten Regierungserklärung am 13. Oktober 1982 hatte Helmut Kohl im Deutschen Bundestag erklärt: »Konrad Adenauer führte vor über 30 Jahren die Deutschen in die Gemeinschaft der freien Völker des Westens und baute darauf die Außenpolitik der Bundesrepublik Deutschland. Auf diesem Erbe dürfen wir aufbauen, und aus diesem Erbe ziehen wir auch die Kraft, das für heute Notwendige zu tun.«

Dass er freilich das »heute Notwendige« noch zu erkennen im Stande wäre, ist zweifelhaft. Unverdrossen hält er an der »Wertegemeinschaft des westlichen Bündnisses« fest, obwohl nach der Vereinigung immer deutlicher wurde, dass mit dem Zerfall der Sowjetunion und ihres Machtblocks im Osten die alten Kategorien nicht mehr taugen. Signale einer »neuen Einsamkeit Deutschlands«, das in die alte, gefährliche Mittellage in Europa zurückgekehrt sei, die der Publizist und diplomatische Experte Christoph Bertram zu erkennen glaubt, kamen bei Kohl nicht an. In keiner seiner häufigen außenpolitischen Predigten seit seinem Ausscheiden aus dem Amt, korrigierte er die alte Statik des von ihm propagierten Hauses Europa. Dabei war spätestens nach dem EU-Gipfel in Nizza im Frühjahr 2001 unübersehbar geworden, dass viele Institutionen – von der Europäischen Union bis zur CDU – »fest an der Ost-West-Mauer angebaut waren«, wie es der Historiker Arnulf Baring ausdrückt: »Seit sie eingestürzt ist, haben alle diese Gebilde ihre frühere Standfestigkeit eingebüßt.«

Dass er das nicht mehr wahrnimmt – oder wahrnehmen will –, macht Helmut Kohl inzwischen zu einer irrealen Figur, irrlichternd zwischen Tragik und Lächerlichkeit. Wiewohl er noch wie in alten Zeiten mit Ovationen bedacht wurde, als er im Januar vor dem Berliner Parteikongress der in der Europäischen Volkspartei (EVP) zusammengefassten Christlichen Demokraten und Konservativen sein Grußwort sprach, spürten plötzlich auch die internationalen Gäste, was in Deutschland außer ihm selbst offenbar jeder gemerkt hat: Dass Helmut Kohl wie ein Dinosaurier hineinragt in eine total veränderte Welt. Er erreichte zwar noch das Gemüt der Delegierten, aber dem Verstand hatte er keine neuen Einsichten zu bieten.

Ein ganzes Jahrhundert musste vergehen, zwei Weltkriege und eine zweite deutsche Vereinigung waren nötig, ehe der geschichtsmächtige Mythos des eisernen Kanzlers Otto von Bismarck einer differenzierten historischen Würdigung Platz machte, die auch heute nicht einmütig ausfällt, aber distanziert ist und sich um Gerechtigkeit bemüht. Nur zwei Jahre brauchte Helmut Kohl, um seinen Ruhm als historische Figur in Frage zu stellen. Mit selbstzerstörerischer Hektik bleibt er im politischen Geschäft, klammert sich an seine öffentliche Bedeutung. Nun schreibt er seine Memoiren, vernichtet seine Nachfolger und gibt keine Ruhe.

Ob er denn nicht endlich genug habe von dem ganzen Gezerre, hat ihn unlängst ein Parteifreund gefragt: »Hör doch einfach auf«.

Da habe Helmut Kohl lange vor sich hingestarrt und dann geantwortet: »Das kann ich nicht.«

So bizarr und selbstzerstörerisch das wirken mag – das Muster ist vertraut. »Noch hat niemand so gegen den eigenen Ruhm gewütet wie dieser Mann«, musste schon der erste Kanzler der Deutschen Einheit, Otto von Bismarck, wenige Monate nach seinem Ausscheiden von einem kundigen Zeitgenossen lesen. Der Historiker Jacob Burckhardt urteilte im September 1890 hart über den zurückgetretenen Kanzler: »Die rein geschichtliche Betrachtung seines Wesens ist nun durch ihn selber von aller Pietät dispensiert.« Und Theodor Fontane, der Bismarck im Grunde für »die denkbar interessanteste Figur« hielt, ärgerte sich gleichwohl drei Jahre später: »Dieser beständige Hang, die Menschen zu betrügen, dieses vollendete Schlaubergertum ist mir eigentlich widerwärtig.«

Und hat nicht auch Konrad Adenauer so hartnäckig und boshaft daran gearbeitet, seinen Nachfolger Ludwig Erhard »auf Null« zu bringen, dass er in seiner eigenen Partei nur noch mit Seufzen und heimlichen Flüchen ertragen wurde? Keiner der drei deutschen Kanzler, die über mehrere Jahrzehnte und in entscheidender historischen Situation in Deutschland Politik machten, vermochte die Macht loszulassen. Alle drei pochten mit würdeloser Selbstgerechtigkeit auf ihre Verdienste, intrigierten gegen ihre Nachfolger und fühlten sich durch »fortgesetzte Geschichtsfälschungen« und »unehrliche Verleumdungen« – so Otto von Bismarck – von der Presse und ihren politischen Gegnern um ihr Ansehen gebracht.

Wie Helmut Kohl heute klammerten sich auch seine Vorbilder an jedes Fitzelchen Macht, das ihnen geblieben war. Keiner schaffte den Absprung. »Wer von der Politik einmal gegessen hat, der möchte immer mehr und mehr«, vertraute Konrad Adenauer 1963 einer Gruppe japanischer Besucher an, als er erlebt hatte, dass seine eigene Fraktion ihm nicht mehr folgte. Resigniert fügte er hinzu: Die Politik »kann zum Laster werden, wenn man sich ihr zu sehr ergibt«. Otto von Bismarck nannte Politik »eine Leidenschaft«, eine zerstörerische freilich, die alle übrigen Teile der Persönlichkeit aufzehrt. Dem Alten vom Sachsenwald spiegelten die Forellen in seinen Fischteichen das politische Leben: »Eine frißt die andere auf, bis nur mehr eine dicke alte Forelle übrig bleibt. Bei mir hat im

Laufe der Zeit die Leidenschaft zur Politik alle anderen Leidenschaften aufgefressen.«

Weder Bismarck noch Adenauer vermochten sich mit ihren Memoiren auf Distanz zu schreiben von der Besessenheit, mit der sie an ihrer eigenen unverzichtbaren Rolle im Machtgeflecht der Welt festhielten. Mehr als um Rechenschaft und Reflexion ging es beiden – die sich eher widerwillig der Disziplin des Schreibens unterwarfen und ihre Erinnerungen unvollendet ließen – darum, ihr Lebenswerk zu dynamisieren, um weiter mitmischen und Einfluss nehmen zu können auf die aktuelle Politik. Ob brillant und lebensklug wie Bismarck oder schlicht und schmucklos wie Adenauer – in der Kunst, die Vergangenheit so zurechtzubiegen, dass sie den augenblicklichen persönlichen Zielen dienen konnte, hatten sie sich ein Leben lang geübt.

Und wenigstens in dieser Fertigkeit, die eigene Vergangenheit zum Kampfinstrument für die Gegenwart umzuschmieden, aus der er sich verdrängt fühlt, dürfte Helmut Kohl mit den beiden Vorgängern mithalten können. Das »Tagebuch«, das er zuletzt veröffentlichte, berechtigte zu den schönsten Hoffnungen auf seine umfangreichen Memoiren, an denen er nun arbeitet. »Mit allen mir zur Verfügung stehenden Mitteln werde ich meine erfolgreiche Arbeit in der Innen- und Außenpolitik und unser sechzehnjähriges Ringen um den besseren politischen Weg für Deutschland und Europa verteidigen«, drohte der ewige Kanzler bereits an.

Es gelte, den »beabsichtigten Verfälschungen der Geschichte« entgegenzuwirken. Mit allen Mitteln. Ehrenwort.

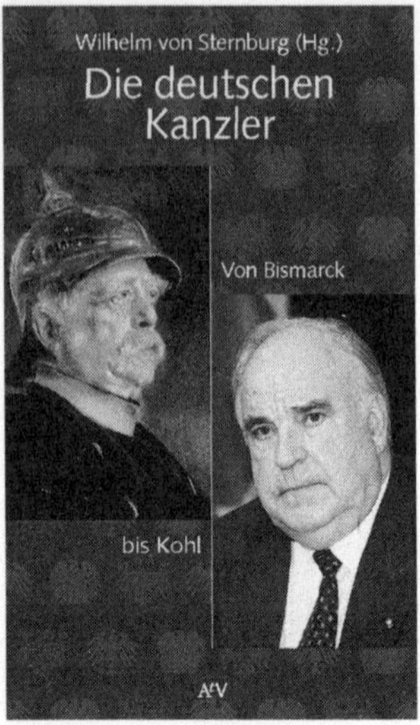

Die deutschen Kanzler

Von Bismarck bis Kohl

Herausgegeben von Wilhelm von Sternburg

488 Seiten
Mit 28 Abbildungen
Band 8032
ISBN 3-7466-8032-8

28 Kanzler haben Deutschland seit der Reichsgründung im Januar 1871 regiert. Ihre politischen Biographien, geschrieben von Rudolf Augstein, Joachim Fest, Fritz Fischer, Jürgen Leinemann, Klaus Harpprecht, Heinz Höhne, Theo Sommer und anderen renommierten Historikern, Politologen und Publizisten, bieten einen »Überblick über die jüngere deutsche Geschichte, der seinen Ausgangspunkt bei den Kanzlerpersönlichkeiten nimmt, aber nicht bei ihnen steckenbleibt« (Süddeutscher Rundfunk).

»Ein lesenswertes Buch.«

Westdeutsche Allgemeine

AtV
Aufbau Taschenbuch Verlag